Numerologie für Kinder und Jugendliche

Ihr Kind besser verstehen und fördern

Lu Uranitsch

Ich bedanke mich bei meinem Bruder,
seiner Familie und
speziell bei meiner Nichte Daniela für Ihre
Unterstützung.

Dieses Buch widme ich meinen Eltern.

Herstellung und Verlag:
BoD – Books on Demand, Norderstedt
ISBN 978-3-8482-6092-8

Aus dem Inhalt:

Das 1er Kind
>   der Typ, der Geburtstag, prominente Beispiele,
>   mein Tipp, die Jahresqualität, Zahlenhäufungen,
>   der Vorname, 52 Vornamen A-Z w/m,
>   die Sehnsucht, nach außen, so wird gestartet,
>   so wird beendet, das Seelenfenster

>   der Typ, der Geburtstag,
>   die Meisterzahlen 11 und 22, prominente Beispiele,
>   mein Tipp, die Jahresqualität, Zahlenhäufungen,
>   Der Vorname, 52 Vornamen A-Z w/m,
>   die Sehnsucht, nach außen, so wird gestartet,
>   so wird beendet, das Seelenfenster

Numerologie ist eine von vielen Methoden sich selbst, Ihren Partner und Ihre Kinder besser zu verstehen. Eine numerologische Analyse ersetzt keinen Arzt oder Therapeuten. Ob Sie meine Tipps anwenden möchten, bleibt Ihrem freien Willen überlassen und liegt in Ihrer eigenen Verantwortung.

„Alles ist Zahl"
„Zahlen regeln und bestimmen unser heutiges Leben"

Zahlen bringen Ordnung in die Welt· Wir sind mittlerweile umzingelt von Zahlen· Handynummer, Autonummer, Sozialversicherungsnummer, Kontonummer, Strichcode, Hausnummer, Uhrzeit, Alter, E-Mail-Adresse, Homepage, Mitgliedsnummern, Pin-Codes, Passnummer, Reihungen, Stromzähler, Wasserverbrauchszähler etc··

Pythagoras von Samos, 6· Jhdt· v· Chr·, war der erste, von dem bekannt ist, dass er sich mit der Zahlenmystik beschäftigte und mit der symbolischen Verbindung zwischen Zahlen, Tönen und Farben· Er gilt heute als Vater der modernen Numerologie·

Numerologie für Kinder beschäftigt sich damit, wie Sie Ihr Kind, auf Grund der jeweiligen Zahlenstruktur schon in jungen Jahren besser verstehen und unterstützen können· Ich beziehe mich auf die ersten Lebensjahre bis zum Teenager Alter, bevor Ihr Kind ins Erwachsenen Stadium eintritt·

Allerdings ist zu beachten, dass große Lebensthemen bereits im Kindesalter beginnen und bis zum physischen Ende immer wieder auftauchen· Der Mensch ist aufgefordert sich weiterzuentwickeln und zu lernen, dann können auch schwere Aufgaben gut gelöst werden· Wenn Sie Ihre Kinder schon frühzeitig unterstützen und gute Anlagen und Stärken fördern, wird Ihnen das als Elternteil letztendlich zu Gute kommen·

Numerologie für Kinder und Jugendliche möchte Sie motivieren, sich mit Ihren eigenen Zahlen und mit den Zahlen Ihrer Kinder zu beschäftigen·

Buchstaben von Namen werden in der klassischen Numerologie in Zahlen umgewandelt und in Bezug zu feststehenden Daten, wie Geburtsdatum und Geburtszeit sowie der aktuellen Zeitqualität gesetzt.

Jeder Name und jedes Wort hat seinen eigenen Grundklang. Versuchen Sie das folgende Beispiel, um diesen Gedanken nachvollziehen zu können. Sprechen Sie den Namen Horst laut aus und anschließend den Namen Daniel. Fühlen Sie den Klangunterschied? Ein weiteres Beispiel: Florentine und Katarina oder Eleonore und Kurt.

Allein durch den Klang erhalten Sie den ersten Hinweis auf den jeweiligen Menschen. Nicht umsonst möchten kleine Kinder Ihren Namen nicht verraten, denn sie wissen, dass mit dem Namen „das Geheimnis" der Persönlichkeit gelüftet werden kann. Ein typisches Beispiel in der Märchenwelt ist das Märchen Rumpelstilzchen der Brüder Grimm, das sich mit diesem Thema beschäftigt.

Weitere Beispiele sind umgeänderte Namen oder Kurzformen. Damit wird Klang und Aussage verändert. Auch hier dürfen Sie davon ausgehen, dass der oder die Namensträger(in) sich nicht „in die Karten schauen lassen" will. Einige Beispiel dafür:

Elisabeth/Lisa/Lisi/Betti/Elsbeth/Sissi,   Alfred/Fredi,
Veronika/Vroni/Ika,   Matthias/Hias/Matti,   Alois/Lois,
Anton/Toni,   Susanne/Susi,   Margarethe/Greti/Marga usw.

Sie könnten natürlich auch noch weiter analysieren, wer verwendet welchen Namen am Beispiel Josef. Die Mutter verwendet vielleicht den Namen Seppi (11), der Vater kürzt den Namen auf Joshi (7). Freunde verwenden Peppi (8) und die Lehrerin sagt Josef (1). Jeder von diesen Personen hat seinen Grund, weshalb er eine bestimmte Form des ursprünglichen Namens benützt. In diesem Beispiel würde einzig und allein die Lehrerin Josef in seiner ganzen Persönlichkeit erkennen und respektieren.

Die Numerologie geht davon aus, dass Sie bzw. Ihr Kind mit einem Plan zur Welt gekommen sind. Dass Sie in diese Welt inkarniert sind, um sich weiter zu entwickeln und dazu zu lernen. Sie haben spezielle Talente und Fähigkeiten mitbekommen, die das Erreichen des numerologischen Lebensziels ermöglichen. Da das Leben in diesem Zusammenhang als Lernaufgabe und Meisterung verstanden wird, ist es essenziell, dass Sie sich und Ihrem Kind erlauben, das Leben aktiv zu gestalten. Wenn ich von Lernaufgaben spreche, dann meine ich – Sie wissen (noch) nicht und Sie können (noch) nicht. Es bedeutet, der Mensch darf etwas lernen· Viele von uns machen Ihr ganzes Leben dasselbe, weil sie einmal etwas begonnen haben und es mittlerweile zur Routine geworden ist· Unbekanntes, Lebensumstellungen und Neuerungen machen Angst·

> Es ist Unsinn, jungen Leuten immer
> mit dem „Besten" zu kommen·
> Man hat in das Beste hineinzuwachsen,
> und das dauert oft recht lang·
> Vor allem ist es ganz unnatürlich,
> mit Goethe zu beginnen· (Theodor Fontane)

Wer schon einmal versucht hat seinen Golfschwung umzustellen oder im Tennis eine Griffveränderung vorzunehmen weiß, dass in der Phase der Veränderung nichts mehr funktioniert· So geht es bei den meisten Veränderungen im Leben· Das verunsichert und bringt Verzweiflung (=Zweifel an der in der Vergangenheit getroffenen Entscheidung)· Im schlimmsten Fall bricht man das Einstudieren der Neuerung ab und kehrt zum alten System zurück·

Erst wenn Sie bereit sind, sich durchzubeißen, die Frustphase zu durchschreiten und dranzubleiben, kann

Neues, Spektakuläres, Fortschrittliches und Innovatives entstehen und Sie selbst werden zu wundervollen Erfolgserlebnissen geführt. Es lohnt sich also, sich selbst und Ihr Kind zu motivieren und Dinge nicht einfach nur laufen zu lassen. Talente entwickeln bedeutet, dass, wenn Sie nicht locker lassen, auch „Talente" bzw. Taler oder Geld mit diesen Fähigkeiten verdient werden können.

Talent in einer Sache zu besitzen heißt nicht unweigerlich auch Erfolg zu haben. Jemand mit wenig Talent, der konsequent übt und arbeitet wird es weiter bringen, als jemand mit viel Talent, der nichts tut. Rufen Sie sich das immer wieder ins Gedächtnis und fördern Sie Ihre Kinder auf liebevolle aber bestimmte Art und Weise. Lernen Sie mit und durch Ihre Kinder.

Jeder ist einzigartig und deshalb ist es wichtig für Sie zu wissen, dass die Aussagen in diesem Buch nur Essenzielles der einzelnen Zahlen darstellen können. Tiefere und differenziertere Einblicke kann ein Besuch bei mir oder einer anderen Numerologin/einem Numerologen bringen. Numerologie ist keine Wahrsagerei, sondern beschäftigt sich mit der Entwicklung der eigenen Persönlichkeit und mit Erfolgsstrategien auf Basis der vorhandenen Zahlen-Energien.

Zwei Personen, die das gleiche Geburtsdatum haben, sind noch lange nicht gleich· In den meisten Fällen haben sie einen anderen Namen, eine andere Geburtszeit und wachsen in unterschiedlichen Verhältnissen auf· Es macht einen großen Unterschied, ob ein Kind in einem liebevollen und toleranten Umfeld aufwächst oder ob es in jungen Jahren schon mit Gewalt oder durch Manipulation „zurechtgebogen" wird·

Es gibt keine guten oder schlechten Zahlen· Jede Zahl kann positiv, produktiv oder negativ, destruktiv bzw· zerstörerisch gelebt werden· Wie die Zahlen gelebt werden, bleibt dem jeweiligen Menschen freigestellt· Im Anhang habe ich einige bekannte Namen als Beispiele für „gekippte Zahlen" angeführt·

Partnerschaftszahlen

Ich bin der Ansicht, dass es keine Zahlen gibt, die nicht zusammenpassen· Es gibt allerdings Zahlen, die besser miteinander können als andere Zahlen· Aus meiner Praxis als Numerologin weiß ich, dass gerade die Eigenschaften die beim Partner oft nerven, mit dem jeweiligen Menschen zu tun haben· Zahlenenergien, die mir fehlen, könnte ein Partner beisteuern· Das heißt, ich könnte von ihm oder ihr lernen· Das bedeutet aber noch lange nicht, dass ich diese Eigenschaften auch schätze· Ganz im Gegenteil, die meisten Menschen beschweren sich ständig über genau diese Eigenschaften· Eine andere Sichtweise kann in einem solchen Fall sehr hilfreich sein oder einfach die Frage: Wieso stört mich der „Erbsenzähler" oder der „Dampfplauderer"? – Fehlen mir vielleicht diese Eigenschaften und könnte ich mir davon etwas „abkupfern"?

Dieses Buch ist als Selbsthilfebuch konzipiert und aus diesem Grund habe ich alle Hinweise und Tipps so einfach wie möglich formuliert· Der Fokus liegt also auch bei diesem Buch, wie bei meinem vorigen Buch „Feng-Shui Selbsthilfe", auf den Lösungen und ich habe die positiven Aspekte der Zahlen in den Vordergrund gerückt, denn diese dürfen im Idealfall gefördert werden·

1900/2000

Als Elternteil sind Sie vermutlich noch im 20sten Jhdt· geboren worden, also 19·· · Ihre ersten Zahlen 1 und 9 weisen eine andere Grund-Schwingung auf, als die Zahlen 2 und 0, die jetzt die Geburtsjahre anführen·

Die 1 symbolisiert das Ego, den göttlich inspirierten Funken, das ich· Die 9 deutet auf Wandel, Abschluss, Dynamik, ehrgeiziges Bestreben und Technik, die schnelle Realisation der Idee hin· Die 19hunderter sind also geprägt vom Ego und der raschen Veränderung· Der Mensch war aufgefordert, immer wieder Neues zu lernen, alte Denkweisen abzulegen und sich selbst massiv weiterzuentwickeln – für den persönlichen Fortschritt zu sorgen.

Denken Sie kurz zurück was alles passiert ist. Im Fokus der 19hunderter Jahre stand die schnelle Weiterentwicklung bzw. der Fortschritt. Vom Pferd als Fortbewegungsmittel bis zum Sportwagen, von der einfachen Zugverbindung zum ICE, Düsenjet und Mondflug. Von der Langsamkeit zur rasanten Schnelligkeit. Der Weg von der Kunst, Muse und Persönlichkeit hin zur Logik, Rationalität und Unpersönlichkeit.

Die 2 und die 0 in den heutigen Geburtsjahren fordern und fördern andere Fähigkeiten. Die 2 und die 0 sind weibliche Zahlen. Die 2 beschäftigt sich mit dem Du. Es geht also für die neuen Kinder und Jugendlichen nicht mehr nur um die eigene Entwicklung, sondern auch um den Mitmenschen, die Partnerschaft, beruflich wie privat und das Miteinander. Der Mensch darf mit der 2 lernen zu unterscheiden, denn nun hat er die Qual der Wahl. Die 2 als weibliche Zahl bringt das Gefühl und die Intuition ins Spiel und durch die 0 wird dieses Thema noch intensiviert. Die 2 fördert die Diplomatie und ist biegsam, sie kann aber auch nebulos, beeinflussbar und

2flerisch sein· Vergessen Sie zudem nicht, dass auch in der 2, wie in jeder anderen Zahl, die 1 enthalten ist· In eine „heile Welt"-Euphorie auszubrechen, nur weil jetzt eine 2 am Anfang steht und wir uns in der Wassermann-Qualität des 3· Jahrtausends befinden, halte ich für naiv· Hitler wurde am 20· geboren und Sie wissen, wie die Geschichte sich entwickelt hat·

Die meisten Kinder wachsen heute mit einer permanenten Werbungs-Berieselung auf, um sie schon frühzeitig zu abhängigen Konsumenten zu erziehen· Ein bisschen Ego und eigener Wille der 1, bzw· der 19hunderter kann in dem Fall nur hilfreich sein·

Die 2 wird Neptun, dem Gott des Meeres und der fließenden Gewässer, zugeordnet· Als sein Attribut gilt das Pferd, das in enger Beziehung zu den Quellen steht· Das bedeutet, dass Menschenkinder, welche die 2 als erste Zahl in ihrem Geburtsjahr stehen haben, sich in enger Verbindung zur Quelle (zum Ursprung) befinden, auch wenn dieses Wissen in den meisten Fällen tief vergraben und zugeschüttet ist·

Die 0 repräsentiert - Alles und Nichts· Das unbefruchtete Ei· Die Welt vor dem Urknall oder bevor Gott sie in

Himmel und Erde geteilt hat· Die 0 kam erst sehr spät in den mathematischen Zahlenkreis und Sie wissen aus eigener Erfahrung was die 0 hinter einer Zahl anrichten kann· Es wird immer mehr· Aus 1 wird 10 und aus 10 wird 100 usw· Die 0 macht das Thema, das vorgegeben ist, noch wichtiger· Die 0 macht Druck· Sie können die Möglichkeiten der 0 nutzen, ganz neue und spektakuläre Ideen daraus gebären oder sich im Kreis drehen, wie in einem Hamsterrad·

Ich bin der Ansicht, dass man Talente und Stärken von Kindern aktiv fördern sollte· Frei nach dem Motto: „früh übt sich, was ein Meister werden will"· Dieses Sprichwort bewahrheitet sich immer wieder und wird erhärtet durch viele Beispiel aus der Vergangenheit und Gegenwart: Mozart (Musik), David Garrett (Musik), M·L· Rostropowitsch (Musik), Tiger Woods (Golf), Maradonna (Fußball), Pina Bausch (Tanz), Isambard Kingdom Brunel (Technischer Pionier), Sir Christopher Wren (Architekt), Ludwig XIV (Herrscher), Pablo Picasso (Kunst), Michael Jackson (Musik), Salvador Dali (Kunst), Elizabeth Taylor (Schauspiel), um nur einige zu nennen·

Wichtig bleibt dabei immer zu bedenken, dass auch Zeiten von Ruhe und Spiel in den Stundenplan eingebaut werden, damit „das Kind sein" nicht zu kurz kommt.

In einer Welt des Gleichschritts, der Uniformierung mit Jeans und Konsumdiktat sowie der medialen Druckmittel, wo vorwiegend der Schein regiert, möchte ich Ihnen ans Herz legen, die Eigenheiten Ihres Kindes zu fördern und zu unterstützen.

Es gibt ein wunderbares Gedicht von Erich Fried, „Eigentlich keine Art"

> Eigenartig
> wie das Wort eigenartig
> es fast als fremdartig hinstellt
> eine eigene Art zu haben

Unterstützen und fördern Sie, wenn möglich, die eigene Art Ihres Kindes. Kinder, die zu lebhaft sind, werden heute ruhig gestellt. Menschen, die anders denken, langsamer sind oder zu alt, werden ebenfalls separiert und in eigenen Heimen untergebracht, damit sie nicht stören.

Wenn Sie Ihre Kinder bestmöglich fördern, dann haben Sie damit schon den Grundstein gelegt aus Ihnen glückliche und zufriedene Erwachsene zu machen.

Sie haben es in der Hand Ihre Kinder zu formen, Ihnen Wissen, Liebe, Achtsamkeit, Mitgefühl und Toleranz nahe zu bringen – nehmen Sie sich die Zeit und vergessen Sie nicht: wir sind die Alten von morgen.

Noch immer beobachte ich, wie Kinder nach klassischen Rollenmustern aus der Steinzeit erzogen werden, wo Männer die Jäger waren und die Beute nach Hause brachten und Frauen als Beerensammlerinnen und Haushüterinnen die Kinder betreuten. Es gibt Männer die nicht wissen wie man ein WC putzt, bügelt oder ein Mittagessen kocht. Es gibt auch Frauen, die voll Stolz erzählen, dass der Partner im Haushalt mithilft. Bei näherem Nachfragen erfährt man, dass Mann staubsaugt und nach Aufforderung den Müll zum Container bringt – obwohl beide berufstätig sind. Ich kenne aber auch Männer, die voll Stolz erzählen, dass sie gerne bügeln und dass Ihre Partnerin die Hauptverdienerin ist. Dazu bedarf es allerdings der emanzipierten Frau und des selbstbewussten Mannes.

Versuchen Sie mit der Zeit zu gehen und erkennen Sie, dass wir in einem Jahrtausend mit einem starken weiblichen Aspekt (2) leben. Es ist deshalb wichtig, speziell männlichen Kindern, zu einem neuen

Rollenverständnis der Männlichkeit zu verhelfen· „Neuer Mann" kann sich nicht darin erschöpfen, dass ihn die Kosmetikindustrie entdeckt und er sich in Modefragen auskennt· Ich hoffe, dass immer mehr Männer sich sehr stark mit Erziehungsfragen auseinander setzen, um aktiv an der Entwicklung der Potenziale ihrer Kinder mitzuwirken· Bis jetzt wurden die Kinder vorwiegend von Frauen erzogen·

Wie in allen anderen Bereichen kann es auch hier natürlich nicht um das Anstreben einer männlichen oder einer weiblichen Gesellschaft gehen bzw· um die Trennung in männlich und weiblich, sondern um ein ausgewogenes Miteinander und um eine Balance von männlich und weiblich· Wobei einmal der eine Aspekt stärker hervortreten darf und ein anderes Mal der andere· So wie wir innerhalb eines Tages, je nach Zeitqualität und Umständen, die Sonne bzw· den Mond unterschiedlich lange wahrnehmen· Nur Sonne verbrennt die Erde und nur Mond lässt uns frieren·

Im Durchschnitt leben wir länger als unsere Vorfahren und finden weitaus mehr Möglichkeiten der Selbstverwirklichung vor· Nicht zuletzt darum bieten sich in vielen Fällen zwei bis drei fixe Partnerschaften an, mit den dazugehörenden Trennungen· Bereiten Sie Ihre Kinder auf diesen neuen Zeitgeist vor und investieren Sie nicht so sehr in eine Märchenweltidylle „bis das der Tod uns scheidet", sondern vermitteln Sie Freude, Akzeptanz und Verständnis für Veränderung· Es gibt mit Sicherheit die große Liebe, aber auf Grund der vielen Möglichkeiten kann sie auch mehrmals im Leben auftauchen·

Wir leben in einer übersexualisierten Welt, wo jedes Joghurt sexy sein darf und ein Waschmittel angeblich glücklich macht· Duschgels veranlassen Schauspieler in der Werbung zu lautem, orgiastischem Stöhnen und Kinder werden bei jedem noch so zweifelhaften Produkt für PR Aktivitäten missbraucht· Das stellt sich alles sehr offen, tolerant und freizügig dar· Weniger freizügig und offen präsentiert sich unser Zeitalter noch immer gegenüber gleichgeschlechtlichen Partnerschaften· Ich habe es leider schon des öfteren in meinen Gesprächen erleben müssen, dass junge Menschen durch diese Vorlieben in ein großes seelisches Dilemma gestoßen wurden und von der Umwelt kein Verständnis aufgebracht werden konnte·

In vielen Bereichen sind wir top informiert und wissen, wenn im hintersten Winkel der Welt ein Busunglück passiert, ein Seitenblicke-Sternchen sich den Fingernagel bricht oder ein sogenannter Promi seine(n) Frau (Mann) oder Freund(in) betrügt. Ist das wirklich Ihr Problem ? Lassen Sie sich nicht Ihre wertvolle Lebenszeit stehlen! Nutzen Sie die Möglichkeiten der Informationsgesellschaft lieber zu Ihrem Vorteil und zum Vorteil Ihrer Kinder, indem Sie überlegen, welche Schul- und Schulungsmöglichkeiten es gibt, um Ihrem Kind und Ihnen die bestmögliche Unterstützung und Ausbildung zu ermöglichen.

In früheren Jahrhunderten waren die Rollen klar verteilt. Mann/Frau, Eltern/Kind. Nun ist es nicht mehr so und deshalb benötigen wir neue Erziehungsmuster.

„Mann" darf lernen Berufs-Kompetenzen abzugeben und sich mit Erziehung und Haushaltsführung aktiv zu beschäftigen.

„Frau" darf lernen berufliche Verantwortung zu übernehmen und als Familienerhalterin zu agieren sowie Hauskompetenzen abzugeben und einzufordern.

Beide haben die Möglichkeit von Ihren Kindern zu lernen, da gerade im Bereich der modernen Kommunikationsmittel die heutigen Kinder eine natürlich gewachsene Kompetenz einbringen.

Das selbe Bild bietet sich auch auf der beruflichen Ebene.
Es wird kaum noch Menschen geben, die mit ihrem
erlernten Beruf in Pension gehen. Flexibilität, der Wunsch
sich stetig weiterzubilden und Neugier auf Neues sind die
„Skills", die gebraucht werden.

1900 rückte den männlichen Aspekt in den Vordergrund.
2000 rückt den weiblichen Aspekt in den Vordergrund.
3000 bringt eine komplett neue Ebene und Chance.

These-Antithese-Synthese,
die erste geometrische Form – das Dreieck.
Vater-Mutter-Kind.

Für die Berechnungen benötigen Sie den Vornamen und das Geburtsdatum· Schreiben Sie die Ergebnisse auf ein separates Blatt Papier, dass sie dann als Lesezeichen verwenden können·

Um den Namen in Zahlen umzuwandeln, benützen Sie nachfolgende Tabellen:

1	2	3	4	5	6	7	8	9
A	B	C	D	E	F	G	H	I
J	K	L	M	N	O	P	Q	R
S	T	U	V	W	X	Y	Z	

Selbstlaute / Vokale

A	E	I	O	U	Ä	Ö	Ü
1	5	0	6	3	6	2	8

Mitlaute / Konsonanten

Alle Buchstaben, außer a, e, i, o, u, ä, ö, ü

<u>Das Geburtsdatum</u> gibt Ihnen Auskunft über die Lebensziele, über das was der Mensch kann oder nicht so gut kann und noch vieles mehr·

<u>Der Geburtstag</u> gibt Ihnen Auskunft über die persönliche Vorgehensweise bzw· die Persönlichkeit·

<u>Die Jahresqualität</u> weist darauf hin, was im jeweiligen Jahr beachtet werden darf und wohin die Aufmerksamkeit gerichtet werden sollte·

<u>Der gesamte Vorname</u> gibt Ihnen Auskunft darüber, was erreicht werden darf bzw· für was der Vorname steht·

<u>Die Vokale im Vornamen</u> sagen Ihnen wo die innere Sehnsucht liegt·

<u>Die Konsonanten im Vornamen</u> zeigen die Wirkung der Person nach außen·

<u>Der erster Buchstabe im Vornamen</u> gibt Ihnen Hinweise wie der Mensch auf die Umwelt reagiert bzw·

wie Projekte gestartet werden·

Der letzter Buchstabe im Vornamen gibt Ihnen Hinweise wie Projekte fortgesetzt bzw· beendet werden·

Der erster Vokal im Vornamen gibt Ihnen einen kleinen Einblick ins Innenleben·

Zahlenhäufungen sind Knoten die gelöst werden dürfen· Sobald diese Herausforderung gemeistert ist, entwickelt sie sich als große Stärke und herausragende Fähigkeit·

Nachfolgend der gelöste Knoten:

1   ideenreiche Künstler und Pioniere
2   gefühlvolle und inspirierte Geschäftsfrauen und Männer
3   virtuose Ausdrucks- und Sprachakrobaten
4   Wegbereiter für die nächste Generation
5   feinfühlige, herausragende Helfernaturen
6   energiegeladene Perfektionisten und Visionäre
7   selbstbewusste, geniale Analytiker und Spezialisten
8   sozial denkende Geldmagnaten und Manager
9   weise Lehrer und fortschrittliche Aktivisten

Vorlage:

Vorname:
Geburtsdatum:

Typ gemäß Summe aller Zahlen im Geburtsdatum:
Geburtstag:
Jahresqualität=Tag+Monat+aktuelles Jahr:
Summe aller Buchstaben im Vornamen:
Summe aller Vokale im Vornamen:
Summe aller Konsonanten im Vornamen:
Der erste Buchstabe im Vornamen:
Der letzte Buchstabe im Vornamen:
Der erste Vokal im Vornamen:
Zahlenhäufungen:

Die mehrstelligen Summen werden so lange addiert, bis sich eine einstellige Zahl ergibt.

Ein Beispiel:

Ich bin Klara, mein Geburtsdatum ist der 22.12.2005.
Meine Eltern haben leider nicht bedacht, dass das ein
wirklich doofes Datum (2 Tage vor Weihnachten!!) ist.

1. Der Typ gemäß Geburtsdatum: gibt Ihnen Hinweise zu
den angedachten großen Lebensaufgaben

Zwei Methoden der Berechnung:

a)dazu addieren Sie alle Zahlen im Geburtsdatum
2+2+1+2+2+0+0+5=14
1+4=<u>5</u>

b) Sie reduzieren die Doppelzahlen im Geburtstag, im Geburtsmonat und im Geburtsjahr auf eine einstellige Zahl und dann addieren Sie diese Zahlen.

22.-22=   22*
12.-1+2=   3
2005-2+0+0+5=   <u>7</u>
                  32

3+2+=<u>5</u>

*22 ist eine Meisterzahl und wird in diesem Fall nicht reduziert.

Sie können, je nach Wunsch, Methode a) oder b) für die Berechnung verwenden oder beide.

Bei Methode a) geht die Meisterzahl (22) verloren, jedoch erhalten Sie mit der Zahl 14 einen Hinweis auf einen karmischen Knoten. Wenn Sie ein(e) Einsteiger(in) in die Thematik der Numerologie sind, dann empfehle ich Ihnen für alle Berechnungen die Variante a), weil sie einfach und effizient ist.

<u>2. Geburtstag</u>: 22, 2+2=4

3. *Jahresqualität für 2013*: dazu addieren Sie den Tag
der Geburt+ den Geburtsmonat+ das aktuelle Jahr

$2+2+1+2+2+0+1+3=13$
$1+3=4$
oder
$22\cdot-2+2=$ 4
$12\cdot-1+2=$ 3
$2013-2+0+1+3=$ 6
                          13
$1+3=4$

4. *Zahlenhäufungen im Geburtsdatum*: 222

5. *Was kann mit dem Namen Klara erreicht werden bzw.*
was symbolisiert der Name: Sie addieren alle Zahlen im
Namen

$2+3+1+9+1=16$
$1+6=7$

6. *Was wünscht sich Klara*: Sie addieren alle Vokale
$1+1=2$

<u>7. Wie erscheint Klara ihren Mitmenschen:</u> Sie addieren alle Konsonanten

2+3+9=14

1+4=<u>5</u>

Vorname	Vokale	Konsonanten
K	2	-	2
L	3	-	3
A	1	1	-
R	9	-	9
A	1	1	-
	16	2	14
	1+6		1+4
	7	2	5

<u>8. Erster Buchstabe im Vornamen:</u> K (2)

<u>9. Letzter Buchstabe im Vornamen:</u> A (1)

<u>10. Erster Vokal im Vornamen:</u> A (1)

Klara, geboren am: 22.12.2005, Alter ab Dez. 2013=8 Jahre

1. Typ lt. Geburtsdatum: 5 (14, 32)
2. Geburtstag: 4 (22)
3. Jahresqualität lt. Geburtsdatum: 4 (ab Dez. 2013)
4. Das wird erreicht mit dem Vornamen: 7
5. Diese Sehnsucht beinhaltet der Vorname: 2
6. So erscheint die Person im Außen: 5
7. der Start von Projekten/so ist die erste Reaktion: 2
8. So werden Projekte fortgesetzt und beendet: 1
9. Ein Guckloch ins Innere: 1
10. Zahlenhäufungen im Geburtsdatum: 222.

Klara ist ein Typ 5· Ihr Lebensthema ist der Umgang mit Ihrer Sensibilität und mit Begrenzungen· Sie darf Ausdauer und Disziplin entwickeln·

Durch Ihre Tageszahl 4 (22) kann sie sich durchbeißen· Es ist wichtig für Sie, immer wieder an Ihrer zweiflerischen und hoch empfindlichen Natur zu arbeiten· Das bedeutet, wenn der Zweifel Überhand nimmt und sie sich nicht entscheiden kann in die Gänge zu kommen, dann ist sie aufgefordert ein Blatt Papier zu Hilfe zu nehmen und mittels einer plus/minus Liste über die Logik zu klaren Entscheidungen zu kommen· Die Zahlenhäufung weist darauf hin, dass speziell im partnerschaftlichen Bereich (Familie und Freunde) um ein ausgewogenes Nehmen und Geben gerungen werden darf·

Keine Unterwürfigkeit und keine Aggression· Wenn dieser Knoten gelöst ist, dann wird dies ihre Stärke und sie wird eine gute Diplomatin· Sie erkennen im Vornamen, dass das auch Ihre Sehnsucht ist· Wenn Sie Ihr Kind motivieren und aktivieren bzw· positiv beeinflussen möchten, dann beachten Sie ganz besonders wo die Sehnsucht liegt·

Mit der 7 im Vornamen sollte Entspannung in der Natur gesucht werden· Klara ist keine Projektstarterin, aber sie ist eine gute und wichtige Teamarbeiterin· Sie fühlt sich im Inneren oft einsam· Sie kann sich selbst motivieren und sollte auf keinen Fall undifferenziert kritisiert werden·

Die 22 weist darauf hin, dass Sie in späteren Jahren über sich hinauswachsen darf und große Projekte handhaben könnte· Dies erfordert eine schrittweise Entwicklung ihrer Talente· 5er Typen sind im Allgemeinen gute Verkäufer, Sozialarbeiter oder Seminarleiter· Sie wäre auch ideal in Berufen, die mit Partnerschaft und Liebe zu tun haben· Sie erkennen, dass Klara mit ihrem Vornamen im Außen (5) bereits so erscheint wie ihre Lebensaufgabe (5) es sich wünscht·

Für Klara wäre es wichtig, fremde Länder und Menschen kennen zu lernen· Vielleicht als Austauschstudentin· Sie hat diplomatisches Geschick, das gefördert und geschult werden darf·

Klara reagiert sehr empfindlich auf Kritik und ihre Eltern sollten sie häufig umarmen und den Körperkontakt fördern· In der kalten Jahreszeit darf eine Wärmflasche auf den Bauchbereich gelegt werden· Für Klara ist eine gesunde, kindgerechte Ernährung mit Vollkornprodukten,

Obst, Gemüse und Fleisch wichtig· Vorsicht vor Übergewicht· Ideal sind auch alle Sportarten die Bauch- und Rückenmuskulatur stärken· Sie benötigt ausreichend Zeit zum Träumen und könnte durch die Umsetzung ihrer Träume und Gefühle Geld verdienen·

Noch ein Beispiel:

Dominik, geboren am 7.2.1998, Alter ab Feb. 2013=15 Jahre

1. Typ lt. Geburtsdatum: 9 (36, 18)
2. Geburtstag: 7
3. Jahresqualität lt. Geburtsdatum: 6 (ab Feb. 2013)
4. Zahlenhäufungen im Geburtsdatum: keine
5. Das wird erreicht mit dem Vornamen: 3
6. Diese Sehnsucht beinhaltet der Vorname: 6
7. So erscheint die Person im Außen: 6
8. So werden Projekte gestartet/so ist die erste Reaktion: 4
9. So werden Projekte fortgesetzt und beendet: 2
10. Ein Guckloch (Seelenfenster) ins Innere: 6

Dominik ist ein Typ 9. Sein Lebensthema ist Veränderung und das Lernen daraus. Er darf die Schule wechseln, das Studienfach oder den Beruf, um daraus zu lernen. Er darf sein Ego entwickeln, um dann selbstlos zu werden und der Menschheit zu dienen. Er ist eine Führungspersönlichkeit und hat ein gutes technisches Verständnis, das gefördert werden sollte. Dominik kann sich selbst beschäftigen (7) und kann gut alleine sein. Vorsicht vor zu viel Eigenbrötelei. Die 3 im Vornamen will kindisch sein und Spaß. Die Sehnsucht des Vornamens symbolisiert den Wunsch nach Anerkennung und eine eigene, harmonische Familie. Er zeigt diesen Familienmenschen bereits nach Außen mit seinem Vornamen und das deckt sich auch mit seinem Seelenfenster. Da Dominik ein Naheverhältnis zu Kindern hat, sind alle Berufe, die mit Kindern, Kindergesundheit und der Psyche zu tun haben gut geeignet bzw. alle Berufe, die mit Tieren zu tun haben. Dominik ist ein Denker und Analytiker und benötigt deshalb mehr Zeit für die Reaktion. Er sollte sich viel in der frischen Luft aufhalten, um den Kopf regelmäßig zu lüften. Unterstützen Sie Ihren Dominik, indem Sie ihm lehren, dass Leben Veränderung ist. Ein frühes Bekanntmachen mit Nächstenliebe und Mitgefühl ist ebenfalls wichtig. Ein Haustier (6) wäre empfehlenswert.

Die Zahlen und Ihre Bedeutung

1

Der Typ:

Ich will die Nummer eins sein und ich möchte nicht übergangen werden· Meine Gefühle gehen tief und wenn Du mich beleidigst, kann ich ziemlich bockig werden und ich werde Dir das nicht so ohne weiteres verzeihen· Regelmäßiges, ehrlich gemeintes Lob, tut mir gut· Ich bin die Pionierin und Anführerin· Ich bin die Aktion· Ich besitze sehr viel Kreativität und Verstand· Beides möchte gefördert werden· Mein eigener Kopf kann manchmal auch ein Dickkopf sein·

Sting 2·10·1951
Hugh Jackman 12·10·1968
Steven Jobs 24·2·1955
George Clooney 6·5·1961
Simone de Beauvoir 9·1·1908
Nicolas Cage 7·1·1964

Der Geburtstag:
1, 10, 19, 28, die Meisterzahl 11

Einser können sehr stur und eigenwillig agieren· Wenn das Ego sanft unterstützt wird, entwickeln sich stabile und dynamische Menschen, die Führungspersönlichkeit haben· Viele bildende Künstler und Pioniere bzw· Forscher besitzen eine Einser Persönlichkeit· Wenn die 1 scheitert und lächerlich gemacht wird, hat das für sie eine sehr starke Auswirkung auf die Seele und kann sie dazu bringen mit Drogen und Alkohol zu experimentieren·

Einser Kinder werden Sie auf Trab halten· Ein Einser Kind beschäftigt sich gut mit sich selber· Geben Sie diesen Kindern in der Gruppe eine Anführerrolle oder einen eigenen Verantwortungsbereich·

Speziell weibliche Kinder, die in ein klassisches

44

Erziehungsmuster gepresst werden, neigen dazu, die Nummer 1 in der ersten Lebenshälfte nicht zu leben· Sie ordnen sich ständig unter·

Die 10 ist sehr intellektuell und verfügt über ein ausgeprägtes, inspirativ, künstlerisches Potenzial· Weibliche Kinder haben einen starken Hang zu bemuttern·

Die 19 ist am erfolgreichsten zusammen mit Partnern, ohne das sie die eigene Persönlichkeit aufgibt· Sie ist unbeugsam und kann nur mit liebevoller Diplomatie und Geduld überzeugt werden·

Die 28 kann Pionierarbeit leisten und komplexe Projekte organisieren und damit Geld verdienen· Sie verfügt über eine große Empfindsamkeit und mitunter überrascht sie durch einen unvermuteten Zornausbruch·

Diana F· Spencer 1·7·1961
Marilyn Monroe 1·6·1926
Thomas Bernhard 10·2·1931
Cornelia Funke 10·12·1958
Edith Piaf 19·12·1915
Seal 19·2·1963
Edgar Allan Poe 19·1·1809
Bruce Willis 19·3·1955

Karl Popper 28·7·1902
Bill Gates 28·10·1955

Mein Tipp: geben Sie Ihrem Kleinkind einfach nur Papier und Klebstoff oder Stoffe und Wäscheklammern und staunen Sie, was mit etwas Unterstützung daraus entsteht· Physik-Baukästen sind ebenfalls für etwas größere Einser interessant· Einser sind schnell sehr selbständig, deshalb vertrauen Sie Ihrem 1er Kind und unterstützen Sie seine ungewöhnlichen Projekte· Einser möchten ein eigenes Zimmer·

Die Jahresqualität·

Ein Jahr des Neustarts und des Ausprobierens· Erlauben Sie Ihren Kindern im Einser Jahr verschiedene Dinge zu testen· Neue Hobbys, neue Wissensgebiete eventuell auch neue Freunde· Das kann auch eine neue Schule sein·

Zahlenhäufungen:

Je nach Zahlenmenge wird das Ego und der Dickkopf sehr stark sein· Da die 1 den Start repräsentiert, die Kreativität und die Inspiration, beschäftigen Sie diese Kinder ausreichend mit kreativen Herausforderungen und vermitteln Sie Nächstenliebe und Mitgefühl·

Shrimati Indira Gandhi 19·11·1917
Hedwig Courths-Mahler 18·11·1867
Noah Gordon 11·11·1926
Maria Teresa de Filippis 11·11·1926
Anne Hathaway 12·11·1982
Fjodor Dostojewskij 11·11·1821

Der Vorname:

Nummer 1 sein

Die Eins gibt gerne den Ton an und sollte nur auf liebevoll- konstruktive Weise gemaßregelt werden.

Amalia, Anton, Babette, Björn, Clarissa, Claude, Daniela, Dan, Edith, Edwin, Fabiola, Fabien, Gabi, Gilbert, Hanni, Haimo, Iris, Ivan, Joanna, Jochen, Katrin, Kelvin, Lucia, Luitpold, Michele, Matthias, Nick, Nettie, Olympia, Quadasia, Oskar, Petronella, Peter, Quentin, Ria, Romed, Sabina, Siegfried, Tessa, Thaddeus, Ulla, Urso, Vera, Vitali, Waltraud, Waldefrid, Xhevahire, Xanana, Yngve, Yolanthe, Zoe, Zyprian

Die Sehnsucht:

Anerkannt, bewundert und geschätzt sein. Gefragt sein und werden. Einfluss nehmen wollen. Möchten nicht mit der Masse schwimmen, sondern Trends setzen.

Nach Außen:

Die Nummer 1 erscheint wichtig und gewandt, dominant und gepflegt.

So wird gestartet:

Die Eins startet mit Elan und Neugier auch alleine.

So wird beendet:

Die Eins will, dass sie eine eigene Vorgangsweise entwickeln darf und möchte sich keine Vorschriften machen lassen.

Das Seelenfenster A:

kreativ, geistig, eigenwillig, sensibel, unabhängig.

2

Der Typ

Ich bin eine mediale Persönlichkeit, sensibel und intuitiv·
Ich bin nicht gerne allein und sehne mich nach Wärme und
Nähe· Du darfst mich auch in den Arm nehmen· Ich
möchte meine kleinen Geheimnisse haben und Dir nicht
alles erzählen müssen· Ich bin schüchtern und fühle mich
nicht wohl, wenn ich mit Gewalt in den Vordergrund
geschoben werde· Wenn die Zeit reif ist, werde ich in die
erste Reihe treten· Ich hasse Geschrei und liebe
Tagträume·

Cliff Richard 14·10·1940

Oskar Werner   13·11·1922
Michael Schumacher   3·1·1969 (11)
Thomas Gottschalk   18·5·1950 (11)
Michelle Obama   17·1·1964 (11)
Edouard Manet   23·1·1832

Der Geburtstag:
2, 20, 29,
die Meisterzahlen 11 und 22

Diese Kinder sind sehr emotional und medial veranlagt und empfangen starke geistige Informationen über ihre Umwelt· Sie benötigen Zeit für die Entscheidungsfindung und sollten diesbezüglich nicht unter Druck gesetzt werden·

Abgesehen von der speziellen Sensibilität der 2 ist es wichtig zu wissen, dass alle Kinder bis zum ca· 7ten Lebensjahr einen offenen Zugang zu ihrer Intuition haben· Sie erfassen ihre Umwelt und Nonverbales intuitiv· Durch die neuzeitliche Erziehung und ein einseitig geprägtes Schulsystem, das auf logischer Beweisbarkeit aufgebaut ist, verliert der Mensch im Laufe des Erwachsenwerdens den Zugang zu seinen Träumen und Visionen und natürlich auch zu seiner Intuition·

Da 2er sehr empfindsam sind, neigen sie zu Tränen. Vermeiden Sie grobe Worte und Aggressivität, sonst erhalten Sie überängstliche und schüchterne Kinder. Investieren Sie ein großes Maß an Gefühl und Zuwendung in die Erziehung. Wenn sie zu stark unter Druck gesetzt werden, dann können diese Kinder auch Allergien entwickeln oder zu stottern beginnen. 2er erscheinen oft abwesend und der Welt entrückt, verträumt und zugeknöpft. Wenn sie zu brutal mit der Wirklichkeit konfrontiert werden, dann flüchten sie in Lüge und Betrug und können realitätsfremd werden. Sie sind Diplomaten und können Frieden stiften. Sie lassen sich mitunter leicht beeindrucken und beeinflussen. Achten Sie darauf, dass Ihr 2er Kind nicht zu viel in seinen Stundenplan packt und dass es sich nicht ausnutzen lässt.

Die 20 möchte nicht allein sein. Sie hat eine sehr feine spirituelle Schwingung und spürt Vorgänge in ihrer Umgebung. Auf Grund einer starken Tendenz zum Abwägen und Grübeln kann es zu Verzögerungen bei Entscheidungen kommen. Vermeiden Sie jede Art von Brutalität, auch verbal und erlauben Sie Ihrem Kind zu träumen. Nachdem die Gedanken im Kopf eines 20iger Kindes schnell kreisen und damit zu Chaos führen können, motivieren Sie Ihr Kind zuerst auf sein Gefühl zu hören und dann abzuwägen.

Die 29 verfügt über einen sehr schnell arbeitenden Verstand, der zu ausgesprochen fortschrittlichen Gedankengängen fähig ist· Die Tendenz zur Unschlüssigkeit kann Ergebnisse aus diesen Gedankengängen aber verzögern· Da die 29 aufgefordert ist, den Weg der Nächstenliebe zu gehen und durch Erfahrung und Veränderung zu lernen, dauert es mitunter länger bis der eigene Weg gefunden wird· Die 29 reduziert sich zur Meisterzahl 11·

Maria Callas 2·12·1923
Mahatma Gandhi 2·10·1869
Cindy Crawford 20·2·1966
Dietrich Mateschitz 20·5·1944
Erol Flinn 20·6·1909

Die Meisterzahlen 11 und 22

Wenn bei Ihrem Kind in der Berechnung eine Meisterzahl erscheint, dann benötigt Ihr Kind Ihre vermehrte, besondere und extra Aufmerksamkeit·

Unterstützen Sie Ihr Kind bei der Umsetzung seiner Projekte· Diese Zahlen sagen: Das Leben meistern· Meisterschaft erlangen in dem was man tut· Sich über die

Masse erheben· Das kann auch bedeuten im Rampenlicht zu stehen· Ob ich allerdings im Rampenlicht stehe als Gangster oder als innovativer Pioniergeist macht einen gewaltigen Unterschied·

Die 11 symbolisiert den idealistischen Träumer, der sich oftmals nicht entscheiden kann, seine Ideen in die Tat umzusetzen· Unterstützen Sie Ihr Kind im selbständigen Agieren und in Selbstsicherheit· Fördern Sie Kreativität und Entscheidungsfreude· Wird die Meisterzahl 11 mit ihrem hohen Potenzial an Kreativität nicht gelebt, fällt der Mensch zurück zur 2 und wird im schlimmsten Fall ein ängstlicher Zweifler und unterwürfiger Manipulator· Leiten Sie 2x Ego/Idee (11) um zu 2x Kreativität damit aus Sturheit und Unbeweglichkeit strahlende Inspiration wird·

Michelle Pfeiffer   29·4·1958
Winona Ryder 29·10·1971
Bob Hope 29·5·1903
Nina Hagen   11·3·1955
Arvo Pärt 11·9·1935
Tobias Moretti 11·7·1959

Die Meisterzahl 22 geht noch einen Schritt weiter· Sie kann die fortschrittlichen Ideen der 11 in die Tat umsetzen und große Projekte handhaben, die den Menschen dienen· Speziell bei männlichen Personen beobachte ich immer wieder, dass diese hohe Zahlenfrequenz sehr schwer zu leben ist, da die zwei weiblichen, introvertierten Zahlen ein Höchstmaß an Sensibilität und ausgewogenem Miteinander erfordern· Männliche Kinder, die in ein klassisches Erziehungsmuster gezwängt werden, leben diese Konstellation in Brutalität, Härte oder Manipulation (auch sich selbst gegenüber, z· B· durch Flucht in den Alkohol)· Die nicht gelebte 22 fällt zurück zur 4, welche dann innere Härte und Einengung erzeugt und vom Menschen mit Flucht aus dem Alltag beantwortet wird· Helfen Sie 2x Unsicherheit/Intuition (22) umzuwandeln in Stabilität und Selbstsicherheit, die zu eigenständigen und großen Taten führen können· Damit Träume zu Taten werden können und die Menschheit davon profitiert·

Niki Lauda 22·2·1949
Bruno Ganz 22·3·1941
Reese Witherspoon 22·3·1976
Jürgen Melzer 22·5·1981
Klaus Maria Brandauer 22·6·1944

Mein Tipp: fördern Sie Ihr 2er-Kind mit Tanz,

Schwimmen und allen Sportarten, die in der Gruppe ausgeübt werden bzw· die Flexibilität und einen Partner erfordern· Fördern Sie auch die Entscheidungsfreude, indem Sie Ihr Kind um Rat und Entscheidungshilfe ersuchen (dem Alter angepasst)· Da 2er Kinder gerne sammeln, versuchen Sie ein praktisches Ordnungssystem im Kinderzimmer zu installieren, damit es nicht aus den „Nähten" platzt· Klaviermusik bzw· sanfte Klänge können entspannend wirken genauso wie Aufenthalte in der Umgebung von Wasser·

Ihr 11er Meisterzahlen-Kind sollte jeden Tag entweder seinen Körper bewegen oder täglich eine kreative Übung absolvieren, wie zum Beispiel malen, zeichnen, fotografieren, dichten, kochen, alkoholfreie Cocktails mixen etc··

Für Ihr 22er Meisterzahlenkind sind Spiele ideal, bei denen es Geduld auf leichte Art und Weise lernen kann und Spiele, die durch schrittweises Vorgehen zu Resultaten führen· Zum Beispiel Modellbaukästen oder Billard· Computerspiele eignen sich natürlich auch gut, aber achten Sie darauf, dass kein Suchtverhalten entsteht·

Die Jahresqualität:

Im Jahr der zwei dürfen Kinder immer wieder mit Entscheidungen konfrontiert werden um das Abwägen und Entscheiden zu lernen· Speziell in der heutigen Zeit, wo wir mit verschiedenen Möglichkeiten durch die Werbung bombardiert werden, ist es enorm wichtig schon frühzeitig einen Plan zu entwickeln, wie Entscheidungen im besten Fall getroffen werden sollten· Erlauben Sie Ihrem Kind im zweier Jahr viele neue Bekanntschaften· Erklären Sie auch ganz klar was Sie wollen und was Sie von Ihrem Kind erwarten· Keine Unklarheiten· Wenn im 1er Jahr ein neues Hobby gestartet wurde, dann sollte jetzt konsequent geübt werden und nicht abgebrochen und etwas Neues begonnen werden·

Zahlenhäufungen:

2er Zahlenhäufungen deuten auf eine Herausforderung im partnerschaftlichen Bereich hin· Sei es mit Spielgefährten oder in der Familie· Dies können auch Kinder sein, die sich sehr stark aus der Wirklichkeit ausklinken und sich für nichts entscheiden können· Es ist oft ein Hinweis auf eine große Empfindlichkeit· Stärkung der Bauch- und Rückenmuskulatur durch entsprechende Übungen ist hilfreich·

Paul Flora 29·6·1922
Vijay Singh 22·2·1963
Rolando Villazon 22·2·1972
Reinhard Mey 21·12·1942
Wilhelm Bauer (Ing·) 23·12·1822
Ralph Fiennes 22·12·1962

Der Vorname:

Die 2 will Gefühl und Zweisamkeit, Aufmerksamkeit und
Zeit zum Träumen·

Ann (11), Adolf, Bibiana (11), Byron (11), Cordula (11), Charlie
(11), Diana, Ditmar (11), Ekhard (11), Emmy, Fabienne (11),
Felix (11), Gerlinde (11), Gerald (11), Hannelore (11), Hartmut
(11), Isa (11), Isidor (11), John, Josefine (11), Kersten (11),
Kilian (11), Laurentia (11), Lothar (11), Marina (11), Markus,
Nina, Noah, Oda (11), Oscar, Priska (11), Peregrin (11),
Quentina (11), Quirinus (11), Rachel (11), Rainer (11), Steffi
(11), Siegmund (11), Tibbie (11), Thaddäus (11), Ursula, Urban,
Verena (11), Veit, Wilhelmine (11), Werner (11), Xhevrije (11),
Xenius (11), Yaarit (11), Yadigar (11), Zita, Zenon (11)

Die Sehnsucht:

Harmonie und liebevoller Umgang· Will nicht allein gelassen
werden·

Nach Außen:

Undurchsichtig, einmal so und einmal so. Mit der Zahl 11 auch stur und egoistisch (2x1=2xEgo).

So wird gestartet:

Der Start ist zaghaft, da sehr lange gegrübelt wird. Zweier starten leichter in der Gruppe und holen sich von außen Motivation.

So wird beendet:

Dinge, die begonnen werden, werden auch beendet, außer man lässt das Kind in einer lieblosen und aggressiven Umgebung allein.

3

Der Typ:

Mit der 3 habe ich die Zahl des Kindes, auch die göttliche 3 genannt· Ich bin quirlig und phantasievoll mit künstlerischem Talent und lerne mit Leichtigkeit· Ich bin eine geniale Schauspielerin und möchte Zuhörer· Die Welt ist ja so interessant und es ist schwer sich nur auf eine Sache zu konzentrieren· Am liebsten würde ich von einem Ort zum anderen hüpfen· Hauptsache es ist lustig und spaßig· Meine Schwingung ist hoch sensibel und ich neige ehrlich gesagt zu Launenhaftigkeit, wenn es nicht nach meiner Pfeife geht· Manchmal bin ich auch von einer Minute zur anderen traurig und deprimiert· Aber ich bin kein Kind von Traurigkeit· Ich werde oft durch meine Wortwahl und Stimmlage missverstanden·

Jane Austen 16·12·1775
Victoria I von England 24·5·1819
Paula Wessely 20·1·1908
Rod Steward 10·1·1945
Liam Neeson 7·6·1952
Daniel Radcliffe 23·7·1989

Der Geburtstag:
3, 12, 21, 30

3er Kinder möchten umsorgt werden, sie möchten Kind sein und keine Verantwortung übernehmen· Um das aber fürs Leben zu lernen, geben Sie diesen Kindern immer kleine Aufgaben zu erledigen, kleine Verantwortungsgebiete und fordern Sie dies auch ein· Die 3 ist der Clown, der Schauspieler und Charmeur, der Sie um den Finger wickeln wird·

Fördern Sie zielgerichtet und kreativ den eigenen Willen

Ihres 3er Kindes· Diese Kinder wollen beachtet werden· Wenn nicht, dann werden sie unter Umständen zu Extremen greifen und sehr dramatisch· Sie wollen sich anders kleiden und sein, manchmal Nähe oder überhaupt nicht· Sie wollen die langsame Annäherung, nicht den raschen Körperkontakt von Umarmung und Berührung· Überfordern Sie nicht mit zu viel Nähe· Klatsch und Tratsch sollte vermieden werden·

Die 12 neigt zur Aufopferung innerhalb der Familie· Finanzielle Sicherheit ist wichtig·

Die 21 verfügt über eine besondere Ausstrahlung auf ihre Mitmenschen· Durch Fokussierung auf ein Ziel kann sich Erfolg und Geld einstellen·

Die 30 symbolisiert ganz speziell den Künstler, der aufgefordert ist, seine inneren Gaben und seine große Vorstellungskraft in das tägliche Leben zu integrieren

Anna Pawlowa 3·5·1881
Akio Toyoda 3·5·1956
Gracia Patricia 12·11·1929
Otto Schenk 12·6·1930
Queen Elisabeth II 21·4·1926
Liliane Bettencourt 21·10·1922

Charlotte Bronté   21·4·1816
Ridley Scott   30·11·1937
Arnold Schwarzenegger   30·7·1947
Sido   30·11·1980

Mein Tipp: Fördern Sie Aktivitäten, die mit Ausdruck zu tun haben: töpfern, Schauspiel, Gedichte vortragen, Clownerie, Geschichten schreiben und vortragen, Ballett, Aktionskunst, Verkleidungsspiele, Zirkus, Artistik· Haustiere wirken günstig· Verbieten Sie Ihrem 3er Kind nicht den Mund und sperren Sie es nicht allein in ein Zimmer·

Die Jahresqualität:

Das 3er Jahr ist immer ein kleines Entscheidungsjahr· Fragen Sie Ihr Kind nach seiner Meinung· Fragen Sie, was es gerne machen möchte· Motivieren Sie Ihr Kind speziell im 3er Jahr sich für neue Wissensgebiete zu interessieren und sich viel im Freien und mit Freunden aufzuhalten· Zu Hause sitzen bringt trübe Gedanken und starke Stimmungsschwankungen·

Zahlenhäufungen:

Deuten auf Verzettelung – sich für alles und nichts interessieren, Konzentrationsschwierigkeiten· Abhilfe schafft man hier indem man Lerngebiete so spannend wie möglich gestaltet und immer wieder Pausen mit Abwechslung einbaut· Keine langen Lernsitzungen·

Volker Schlöndorf 31·3·1939
Viktor Kortschnoi 23·3·1939
Vincent van Gogh 30·3·1853
Ernst Bosch 23·3·1834
Christopher Walken 31·3·1943
Elle MacPhearson 29·3·1963

Der Vorname:

Die Person möchte Leichtigkeit und Vergnügen, Spaß und Party leben dürfen· Nicht zu viel Verantwortung·

Anna, Arno, Bianca, Berthold, Cäsaria, Charles, Daphne, Detwin, Esther, Egbert, Felicitas, Fedor, Gisele, Geri, Heidelinde, Helfgott, Isidora, Ingbert, Jessica, Justin, Kamma, Karol, Luise, Levi, Marianne, Magnus, Nora, Niklas, Ona, Oleg, Pamela, Parcifal, Qualina, Quinn, Rita, Romeo, Sara, Sargent, Thekla, Tom, Ursel, Ulf, Vincenz, Valentine, Willa, Wallace, Ximena, Xurxo, Yaffa, Yacine, Ziska, Zenobius

Die Sehnsucht:

Die Bühne, die Öffentlichkeit, möchte um Rat gefragt werden, spielen, lachen, Sonnenschein und Publikum·

Nach Außen:

Der Clown und Charmeur. Diese Kinder sind nicht wie die Masse und werden nicht immer von der Umwelt verstanden.

So wird gestartet:

Mit Elan und Begeisterung wird Interessantes und Neues in Angriff genommen.

So wird beendet:

Vorsicht vor Verzettelung. Nur wenn etwas spannend bleibt und nicht zu lange dauert, dann wird das Angefangene auch abgeschlossen.

Das Seelenfenster U:

unberechenbar und egozentrisch, eigensinnig, energisch und dynamisch, kindisch, schwankend in der Stimmung – himmelhoch jauchzend, zu Tode betrübt.

4

Der Typ:

Ich gehöre zu den Braven und Folgsamen· Ich gehe meinen Weg langsam aber stetig· Ich benötige klare Strukturen und Verhältnisse und hasse Unsicherheit und Chaos· Am wohlsten fühle ich mich in der Sicherheit einer konservativen Familienstruktur· Ich verfolge meine Ziele konsequent aber manchmal geht mir alles auch zu langsam· Ich kann bei Bedarf störrisch sein· Ich arbeite hart und gerne, mit Liebe zum Detail· Wenn ich bis zu meinem Rahmen vordringe, dann wird es Zeit ihn zu sprengen, mich aus den Begrenzungen zu befreien und

fliegen zu lernen· Ich bin die Baumeisterin, die das
Fundament legt auf dem nächste Generationen aufbauen·
Ich bin die Wegbereiterin·

Florence Nightingale 15·5·1820
Marie Curie 7·11·1867
Brad Pitt 18·12·1963
Hugh Hefner 9·4·1926
Eva Longoria 15·3·1975
Sarah Jessica Parker 25·3·1965

Der Geburtstag:

4, 13, 31
die Meisterzahl 22 wenn sie nicht gelebt wird·

4er Kinder sind oft sehr ernsthaft und sachlich·
Manchmal auch stur und rechthaberisch· Unterstützen Sie
Ihr Kind in seinen konsequenten Bestrebungen, aber
achten Sie darauf, dass Spaß und Spiel nicht zu kurz
kommen· Motivieren Sie Ihr Kind frühzeitig zum Singen
und Musizieren· Kinder mit einer 4 in der Persönlichkeit
möchten einen strukturierten Ablauf bzw· Stundenplan·
Die 4 ist gerne beschäftigt·

Die 13 weist darauf hin, den Fluss des Lebens zu

akzeptieren und Vertrauen in den göttlichen Plan zu entwickeln· Stagnation und Festhalten an Altbewährtem bringt keine Weiterentwicklung· Kultivierung des eigenen Stils in der Gruppe erzeugt Stabilität und Erfolg·

Die 31 weist auf besondere Gaben und Talente im kreativ, fortschrittlichen Bereich hin· Nicht jeder Monat hat 31 Tage· Stimmungsschwankungen und ein starker exzentrischer Egoismus können auftreten, wenn zu sehr an konservativen Denkmustern festgehalten wird· Die künstlerische Freiheit sollte auf keinen Fall eingeschränkt werden· Vorsicht vor zu viel Aktivität·

Barack Obama 4·8·1961
Christoph Waltz 4·10·1956
Karl Valentin 4·6·1882
Whoopi Goldberg 13·11·1949
Robert Pattinson 13·5·1986
Gerlinde Kaltenbrunner 13·12·1970
Christiane Hörbiger 13·10·1938
Senta Berger 13·5·1941
Geraldin Chaplin 31·7·1944
Alma Mahler-Werfel 31·8·1879
Jamie Lee Curtis 22·11·1958

Mein Tipp: Fördern Sie Ihr Kind mit kniffligen Lernspielen und mit Spielen, die mit Forschung zu tun haben. Bauen Sie mit Ihrem 4er Kind Burgen und Schlösser aus Sand oder Knetmaterialien, um die Kreativität zu fördern. Motivieren Sie Ihr Kind immer wieder Neues auszuprobieren, damit die Angst vor Neuem und Veränderung gemeistert werden kann. Fördern Sie alle Freizeitgestaltungen, die in der Gruppe stattfinden und motivieren Sie Ihr Kind ein Tagebuch zu führen. Alternative Schultypen eignen sich gut.

Die Jahresqualität:

Das 4er Jahr Ihres Kindes sollte geprägt sein von Ruhe und Ordnung sowie einem klaren Jahresablauf. Achten Sie darauf, dass Ihr Kind im 4er Jahr konsequent an seinen Lernaufgaben dran bleibt, auch wenn zwischendurch Ungeduld und Unlust auftauchen sollten.

Zahlenhäufungen:

Die Zahlenhäufung der 4 bedeutet innere Härte und Unbeweglichkeit im Denken. Da die 4 die Zahl der Arbeit ist, deutet das auch oft auf eine harte Kindheit hin, die schon früh mit Pflichten beginnt. Achten Sie darauf, dass Ihr Kind auch Kind sein darf. Sorgen Sie für Lockerheit, gehen Sie mit Ihrem Kind auf den Rummelplatz und zum

Autodrom fahren. Die Konzentration der Härte kann auch zu Ausdrucksschwierigkeiten und Sprachlosigkeit führen.

Clown Foottit 24.4.1864
George Lucas 14.5.1944
Klaus Nomi 24.1.1944
Gerhard Schröder 7.4.1944
William de Kooning 24.4.1904
Julie Christie 14.4.1940

Der Vorname:

Der 4er Vorname erreicht Stabilität durch schrittweises Vorgehen. Achtung vor Abhängigkeit.

Aglaia (22), Alfons (22), Bernadette, Baldur (22), Columbia, Christopher, Daisy (22), David (22), Eleonora, Ernst (22), Freja (22), Fidelius, Gudrun, Garin, Heide, Herbert, Iolante, Igor, Joan, Jerry, Karola (22), Kirk (22), Linda (22), Ludwig, Manuela (22), Milo (22),Nonna (22), Nathanael, Obadiah, Otmar (22), Petrowna, Pedro, Queenie, Quintus, Reingard, Rufus (22), Siegbert, Stine (22), Tekla, Toni (22), Ulrike, Udo, Vesta, Valdemar, Wilma (22), Wolfgang, Xhemile, Xylander, Yada, Yvon (22), Zölestine, Zephyrin

Die Sehnsucht:

Die 4 sehnt sich nach Familie und einem konservativen

Leben ohne Erschütterungen sowie einem stabilen Freundeskreis· Kontrolle und Ehrlichkeit sind wichtig·

Nach Außen:
Man wirkt stur, unbeugsam und sehr ordentlich·

So wird gestartet:
Die 4 ist von neuen Ideen nicht gleich begeistert sondern benötigt Anlaufzeit·

So wird beendet:
Die 4 kann sich durch Probleme durchbeißen und ist hart im Nehmen·

5

Der Typ:

Ich bin eine unternehmungslustige 5 und wünsche mir Aktion· Wenn Du mich langweilst klinke ich mich aus· Ich mag keinen fade gestalteten Unterricht und überrasche meine Umwelt gerne mit meinen spontanen und unvorhersehbaren Aktionen· Ich interessiere mich für alles was mit Menschen und Tieren zu tun hat· Ich bin emotional und empfindsam· Ich mag es nicht, wenn ich bevormundet werde und ich habe eine Aversion gegen Streit und Regeln· Ich möchte mich nicht so gerne anstrengen und möchte auch keine große Verantwortung übernehmen, aber trotzdem wichtig sein· Ich reise gerne und bin neugierig auf die Welt· Das Meistern von Herausforderungen und Fehler zählen zu meinem Lebensweg· Manchmal bin ich auch etwas leichtsinnig und draufgängerisch· Ich liebe Feste·

Lindsey Vonn   18·10·1984
Eva Peron   7·5·1919
David Hasselhoff   17·7·1952
Benjamin Franklin 17·1·1706
Ursula Andress 19·3·1936
Tina Turner   26·11·1939

Der Geburtstag:
5, 14, 23

Kinder mit der 5er Qualität in ihrem Geburtstag interessieren sich für fremde Länder und Menschen· Sie möchten keine Langeweile und wenn das nicht berücksichtigt wird, dann werden sie sich nicht anstrengen und eventuell nur das Notwendigste lernen· Sie möchten nicht eingeschränkt und bevormundet werden· Die 5 ist die seelischste Seelenzahl und darf deshalb als besonders empfindlich angesehen werden· Beschimpfungen werden als schmerzhaft empfunden· Einengungen werden mit Flucht aus dem Alltag beantwortet· Die 5 erkennt die Grenze, im Gegensatz zur 4, nicht· Das kann zu unmäßigem Genuss von Essen und Suchtmitteln führen· Hilfe bietet ein abwechslungsreicher Tagesablauf mit Vergnügungen und Freiraum· Jede Art von Druck wirkt sich negativ aus· 5er vertragen sich ausgezeichnet mit anderen· Sie haben einen exzellenten Zugang zu Fremdsprachen und sind gefühlvolle, magnetische Menschen· Umarmen Sie Ihr 5er Kind von klein auf· Wenn Sie mit Härte und Unverständnis sowie Brutalität erzogen werden, dann entwickeln sie sich hin zu Manipulation und Falschheit·

Die 14 beinhaltet einen karmischen Aspekt und fordert auf, das rechte Maß zu finden· 14er neigen dazu sehr streng zu sich selber zu sein, deshalb sollte von außen nicht auch noch Druck dazu kommen·

Die 23 entwickelt einen Hang zur Melancholie, wenn sie zu sehr grübelt· Die 23 sollte ihr spezielles Talent für Ausdruck und Kommunikation schulen·

Martha Argerich 5·6·1941
Bette Davis 5·4·1908
Amy Winehouse   14·9·1983
Ruth Drexel   14·7·1930
Prinz Charles 14·11·1948

Shirley Temple 23·4·1928
Joan Crawford 23·3·1908
Vaclav Havel 5·10·1936
Peter Fonda 23·2·1939
Erich Kästner 23·2·1899

Mein Tipp: geben Sie Ihrem 5er Kind die lange Leine und beobachten Sie aus der Ferne· Abenteuerspielplätze und Pfadfindercamps finden 5er interessant· Rennfahren und alles Riskante sowieso· Gehen Sie mit Ihrem Kind Go-cart fahren oder reiten· Unterstützen Sie Ihr Kind bei der Führung eines losen Wochenstundenplans, da Disziplin gelernt werden darf· Spielen Sie Verkaufsspiele und dekorieren Sie Ihre Wohnung gemeinsam· Kochen Sie zusammen möglichst exotisch· Je unkonventioneller, umso interessanter·

Die Jahresqualität:

Das 5er Jahr Ihres Kindes sollte abwechslungsreich und fröhlich gestaltet werden· Reisen und Neues kennenlernen und das Lernen allgemein darf im Vordergrund stehen· Lassen Sie die Zügel locker· Ein gutes Jahr um Ihr Kind mit sozialen Projekten bekannt zu machen und das soziale Gewissen zu fördern und zu schulen·

Zahlenhäufungen:

Eine Zahlenhäufung der 5 deutet auf Eigensinn und schlechten Umgang mit Genuss hin sowie auf seelische Schwierigkeiten und sozialen Aufopferungswillen.

Zucchero 25.9.1955
Doris Dörrie 26.5.1955
Pierre Curie 15.5.1859
Antoni Gaudi 25.6.1852
Adele Adkins 5.5.1988
Matthias Zurbriggen 15.5.1856

Der Vorname:

Der 5er ist großzügig und jovial, ein guter Verkäufer und Betreuer von Projekten, wenn diese interessant und abwechslungsreich sind.

Asta, Alwin, Bella, Benno, Charisia, Cecil, Dominica, Detlev, Edda, Eckhard, Felizia, Fernando, Germana, Gert, Heidemarie, Haakon, Ingeborg, Immo, Jenny, Joachim, Kosima, Knud, Lätitia, Leonhard, Margit, Michel, Nanny, Niels, Olivia, Otfried, Patricia, Paul, Qitura, Quintin, Ragna, Reinhard, Senta, Siegward, Theodora, Theoderich, Unna, Upton, Veronika, Viktor, Wafaa, Waldemar, Xanthippe, Xerxes, Yvonne, Yakim Zilli, Zacharias.

Die Sehnsucht:

Die 5 möchte fremde Länder und Sitten kennen lernen sowie fremde Glaubensrichtungen und Mentalitäten· Sie möchte nicht eingeengt werden und kann auch im Wohnwagen glücklich leben·

Sie darf den Job (Schule, Studienrichtung) immer wieder wechseln um neue und spannende Erfahrungen zu sammeln·

Nach Außen:

Offenherzig und freundlich, lässig und locker·

So wird gestartet:

Ist schnell begeistert·

So wird beendet:

Bleibt nur bei der Sache wenn sie weiter aufregend ist und immer wieder Veränderung bietet·

Das Seelenfenster E:

Genuss- und Lebemenschen·

6

Der Typ:

Ich bin ein pflegeleichtes Familienkind und sehne mich nach Liebe und Harmonie· Aggression und Einsamkeit kann ich nicht leiden· Ich möchte schon als sehr junger Mensch Verantwortung übernehmen und meine Lieben umsorgen und bemuttern· Manchmal ergibt es sich auch, dass ich schon sehr früh im Leben diese Rolle im Familienverband übernehme· Jeder kommt gerne zu mir um Hilfe und Rat· Ich bin ein Energiebündel und mag es nicht, wenn Du mir widersprichst· Ich benötige Dein Lob und Deine Anerkennung in regelmäßigen Abständen· Ich brauche

Sicherheit und bin keine Weltenbummlerin· Ich will meine
Eltern und Freunde bemuttern·

Greta Garbo 18·9·1905
Anne Frank 15·6·1929
Götz George 23·7·1938
Udo Lindenberg 17·5·1946
Michael Jackson 29·8·1958
Katharine Heigl 24·11·1978

Der Geburtstag:
6, 15, 24

Als 6er ist man gesellig und mag es, mit anderen Kindern
zusammen etwas zu unternehmen bzw· zu spielen, 6er
wollen bewegt werden· Die Familie ist ein wichtiger
Stützpunkt und wird als Ruhepol benötigt· 6er dekorieren
ihre Wohnung gerne und haben ein sehr feines kreatives
Gespür, welches genutzt werden sollte· Wenn sie sich
nicht vom Fleck bewegen, dann neigen sie zu
Überängstlichkeit·

6er haben einen sehr starken Drang zum Helfen· Für sie
ist es wichtig, dass Ihre Aktionen beachtet und gewürdigt
werden·

Die 15 will ihren eigenen Weg gehen und lässt sich kaum etwas sagen· Sehr oft sind es magische Persönlichkeiten mit einem guten Händchen für Geldangelegenheiten, wenn genügend Aufmerksamkeit darauf gelenkt wird·

Die 24 legt großen Wert auf Familie und Freunde· Sie kann Visionen umsetzen und darf lernen Schritt für Schritt vorzugehen·

Thomas Mann 6·6·1875
Toni Blair 6·5·1953
Peter Handke 6·12·1942
Alberto Contador 6·12·1982
J· Paul Getty 15·12·1892
Carlo Janka 15·10·1986
Friedensreich Hundertwasser 15·12·1928
Eva Longoria 15·3·1975
Elisabeth von Österreich 24·12·1837
Christoph Schlingensief 24·10·1960

Mein Tipp: Ihr Kind hat einen Hang zum Perfektionismus· Lehren Sie Ihrem Kind Toleranz und Akzeptanz des Unperfekten· 6er haben ein Naheverhältnis zu Musik und Rhythmus, deshalb fördern Sie, wenn möglich, alle tänzerischen und musikalischen Ambitionen sowie alle Sportarten, die mit Rhythmus arbeiten, wie zum Beispiel

Golf. Da sich das 6er Kind gerne in der vertrauten Umgebung aufhält und Neuem mäßige Begeisterung entgegenbringt, versuchen Sie immer wieder kleine Veränderungen vorzunehmen, damit Ihr Kind lernt, mit Veränderung umzugehen. Sie können zum Beispiel mit Ihrem Kind auf verschiedenen Wegen zur Schule gehen. Erlauben Sie Ihrem 6er Kind Freunde einzuladen oder für die Familie zu kochen.

Die Jahresqualität:

Im 6er Jahr sind Ihre Kinder aufgefordert Gas beim Lernen zu geben. Zum Ausgleich achten Sie auf ausreichend Bewegung. Ein gutes Jahr um sich für ein Haustier zu entscheiden. Vorausgesetzt die Pflege ist gesichert. Achten Sie darauf das Jahr so harmonisch wie möglich zu gestalten. Sollte erhöhte Aggressivität auftreten, dann forschen Sie sofort nach woher das kommt und sorgen Sie für Abhilfe. Auch ein gutes Jahr für Musik und Tanz.

Zahlenhäufungen:

Mehrere 6en deuten auf ein Überangebot an Energie hin, das bis zur Brutalität gehen kann. Extreme Ungeduld oder zerstörerische Tendenzen können ebenso Thema sein.

Sorgen Sie für ausreichend Bewegung und Aktion mit Ihren Kindern, damit diese zusätzliche Energie abfließen kann· Wenn das Gegenteil der Fall ist, dann lassen sich diese Kinder extrem beeinflussen, deshalb beobachten Sie den Freundeskreis·

Wassily Kandinsky 16·12·1866
Helene Bonham Carter 26·5·1966
Johann F· von Waldeck 16·3·1766
Johnny Depp 9·6·1963
Björn Borg 6·6·1956
Giacomo Agostini 16·6·1942

Der Vorname:

Familienorientiert und sorgend, manchmal auch ängstlich· Sehr aktiv· Strebt nach Anerkennung·

Ada, Alex, Beate, Barbarossa, Cosima, Cäcil, Dulcinea, Dean, Esmeralda, Erwin, Franziska, Fabian, Greta, Gepard, Hertha, Hubertus, Iphigenia, Ibrahim, Juno, Jasper, Katharine, Karl, Leonie, Laas, Maria, Michael, Ninette, Narcissus, Ortrud, Odin, Paula, Patrick, Qiana, Quintian, Renata, Robert, Stella, Sascha, Theodosia, Theodorich, Ursule, Ulver, Vanda, Victor, Winni, Walther, Xheva, Xandel, Yaelle, Yngvar, Zilla, Zacchäus

Die Sehnsucht:

Harmonie, Verständnis, Anerkennung und Liebe. Die 6 will beachtet werden.

Nach Außen:

Wirkt dynamisch, aktiv und hilfsbereit.

So wird gestartet:

Hier wird energiegeladen gestartet, am besten in der Gruppe.

So wird beendet:

Ungeduldige und perfektionistische Tendenzen.

Das Seelenfenster O:

Will perfekt und gut sein und gelobt werden.

7

Der Typ:

Ich bin ein 7er Kind und ich strahle aus meinem
Kinderwagen in die Welt· Ich bin sehr weise und erstaune
Erwachsene mit meinen Bemerkungen· Nachdem ich es
liebe, bis tief in die Nacht hinein zu lesen und Wissen
einzusammeln, kann es sein, dass ich manchmal abwesend
erscheine· Ich mag es nicht, wenn man mich mit
Kleinkram langweilt und mir niedere Arbeiten aufbürdet·
Als Pendlerin zwischen Himmel und Erde finde ich es
manchmal schwierig mit den Menschen in meinem Umfeld
zurecht zu kommen· Ich möchte nicht bedrängt werden

und benötige immer wieder meine Ruhephasen· Wald-
spaziergänge und Gespräche mit Pflanzen und
Haustieren entspannen mich· Es fällt mir schwer mich
selbst einzuschätzen, deshalb solltest Du als Elternteil,
mich ausgiebig loben, wenn ich etwas gut gemacht habe·
Wenn man mir blöd kommt, dann werde ich überheblich
und solltest Du meine Seele beleidigen, dann wirst Du für
immer aus meinem Leben ausgeschlossen· Ich lerne langsam
und zähle deshalb nicht zu den besten Schülern· Ich lerne
durch Beobachten·

Maria Theresia 13·5·1717
Madame Pompadour 29·12·1721
Julia Roberts 28·10·1967
Franz Liszt 22·10·1811
Keira Knightley 26·3·1985
Freddie Mercury 5·9·1946

Der Geburtstag:
7, 16, 25

Die 7 ist die Königszahl und kann deshalb gut auf andere
herab blicken, sie kann eitel und kapriziös sein und eine
Diva· Sie liebt ihre Geheimnisse und will Respekt und
Anerkennung· Erteilen Sie ihr keine Ratschläge, sie wird

diese nicht annehmen· Sie wird Ihnen aber gerne welche erteilen und nicht verstehen, wenn Sie sie nicht annehmen wollen· Ernst gemeinte Achtung und Beachtung erfreut sie und philosophische Gespräche beflügeln sie· Wundern Sie sich nicht, wenn Ihr Kind es ganz genau wissen will und den Hintergrund auch noch aufdecken möchte bzw· hinter die Kulissen blicken möchte· Wenn Sie ein spezielles Talent bei Ihrem Kind entdecken, dann fördern Sie es doppelt, da Menschen mit der 7er Qualität analytisches Talent besitzen und sich spezialisieren sollten·

Die 16 beinhaltet eine karmische Verstrickung, wodurch es im Leben immer wieder zu überraschenden und plötzlichen Wendungen kommen kann·

Die 25 darf lernen sich auf andere zu verlassen· Sie hat einen scharfen Verstand und sie sollte ihre Projekte mit Strategie und Disziplin umsetzen· An der Kritikfähigkeit darf gearbeitet werden·

Eva Peron 7·5·1919
Rhianna 7·2·1983
Gustav Mahler 7·7·1860
David Caruso 7·1·1956
Jane Austen 16·12·1775
Madonna 16·8·1958

Lauren Bacall 16·9·1924
Beate Uhse 25·10·1919
Alicia Keys 25·1·1981
Elias Canetti 25·7·1905
Charlène Lynette Grimaldi   25·1·1978

Mein Tipp: Schenken Sie Ihrem Kind Bücher und Weiterbildungen und schimpfen Sie nicht, wenn das Licht bis in die Morgenstunden brennt· 7er benötigen Spiele, die eine intellektuelle Herausforderung darstellen· Gehen Sie mit Ihrem Kind in die Natur und hören Sie auf die Weisheit Ihres Kindes· Unterstützen Sie das Selbstbewusstsein durch Lob und ehrliche Anerkennung· Hinterhältige Schmeichelei und „Schleimerei" deckt ein 7er auf·

Fördern Sie Aktivitäten in der Gruppe, da diese Kinder sich oft sehr in ihre eigene Welt zurückziehen und der irdischen Welt abhanden kommen· (Zitat: Gustav Mahler: „Ich bin der Welt abhanden gekommen")· Fördern Sie Sportarten, die sowohl Geist als auch Körper trainieren wie zum Beispiel Taiji oder Yoga· Das 7er Kind braucht Platz und Rückzugsmöglichkeit und liebt auch die Weite des Meeres· Ihr 7er Kind will nicht ausgefragt werden, deshalb verwenden Sie feinere Methoden um auf dem Laufenden zu bleiben·

Die Jahresqualität:

Hier kann es zu einem Richtungswechsel kommen· Ein gutes Jahr um Ihrem Kind erste Aufgaben zu geben, die selbständig erledigt werden dürfen· Ein gutes Jahr für Analyse und Zukunftsgestaltung je nach Alter des Kindes· Ein Jahr für kreative Aktionen und Spontaneität „etwas wagen und gewinnen"·

Zahlenhäufungen:

Blockiertes Ego oder übertriebene Geltungssucht·

Marc Chagall 7·7·1887
Hermann Hesse 2·7·1877
Raúl Gonzáles Blanco 27·6·1977
Gyanendra 7·7·1947
Shakira 2·2·1977
Gustav Mahler 7·7·1860

Der Vorname:

Der Philosoph und Analytiker, reagiert empfindlich auf Lärm, Unruhe und Störung·

Alexis, Achim, Barbara, Benedikt, Cher, Calvin, Dolores, Dieter, Esra, Eberhard, Flora, Frederick, Gitte, Gabor, Hilda, Hansjörg, Isabella, Immanuel, Jo, Jan, Kamelia, Kurt, Lilly, Leopold,

Marion, Manfred, Nathalie, Neander, Oktavia, Olaf, Peregrine, Pirmin, Qualia, Quirin, Ronda, Richard, Sylvia, Sebald, Thea, Thor, Urbane, Ugo, Victoria, Valentin, Wanda, Wolfram, Xhejlane, Xaver, Yvette, Yacin, Zedekia, Zyrillus

Die Sehnsucht:

Bedeutend zu sein und ernst genommen zu werden.

Nach Außen:

Manchmal unnahbar und abwesend ansonsten sind das die strahlenden Kinder.

So wird gestartet:

Es wird zielstrebig gestartet.

So wird beendet:

Es geht langsam weiter, da nach allen Richtungen hin geforscht wird und Informationen eingeholt werden.

8

Der Typ:

Ich bin eine hübsche 8 mit Sinn für Schönheit und Ästhetik und Hang zu Dramatik und Schauspiel· Ich wohne gerne in einer gepflegten Gegend und liebe es, schöne Dinge zu besitzen· Ich lerne schnell und bin fleißig· Da ich sehr empfindlich bin, möchte ich nicht, dass man mit mir böse ist· Ich kann leicht eifersüchtig werden, wenn man meine Geschwister bevorzugt, mich übergeht oder mich zu wenig beachtet· Ich bin gerne in Gesellschaft und liebe das Gespräch und gutes Essen· Meine Zahl sagt mir, dass ich alles im Leben erreichen kann, wenn ich mich anstrenge und meine Gedanken positiv und harmonisch sind· Das ist die ausgleichende Gerechtigkeit der 8· Ich bin leider manchmal ziemlich faul und benötige dann die Motivation von außen·

Karl Lagerfeld 10·9·1933
George Sand 1·12·1804
Sandra Bullock 26·7·1964
Penélope Cruz 28·4·1974
Lucrezia Borgia 18·4·1480
Selma Lagerlöf 20·11·1858

Der Geburtstag:
8, 17, 26

Diese Kinder benötigen starke Eltern, denn sie können eine Herausforderung darstellen· Deshalb fordern Sie Ihr 8er Kind, es hat das Potenzial· Sorgen Sie auf liebevolle Art für Disziplin und Ordnung· Nicht unter Druck setzen· Der Wille ist stark und stur· Das 8er Kind will gerne behalten und sammeln· Es ist freundlich und höflich und leidet manchmal unter Gefühlsschwankungen· Es hat großes Mitgefühl mit Kranken und Schwachen· Viele Kinder zeigen die Gefühle aber nicht nach außen – sie sind gute Schauspieler· 8er stehen gerne im Mittelpunkt, möchten sich aber nicht zu sehr anstrengen· Die 8 ist die Zahl des Managers, deshalb wundern Sie sich nicht, wenn Ihr cleveres Kind andere für ungeliebte Arbeiten einteilt· Sie bewegt sich gerne in Gruppen und reagiert auf die Einflüsse von außen und dem eigenen Inneren unter Umständen mit gesundheitlichen Themen, da sie eine starke Gefühlszahl ist· Für die 8 ist es nie zu spät, eine totale Lebensveränderung vorzunehmen· Manche Kinder sind auch Spätzünder·

Die 17 hat einen guten Instinkt für Geld und Erfolg· Sie kann sehr dominant und rechthaberisch auftreten und darf lernen zu teilen·

Die 26 ist die Helferin und Heilerin in ihrer positiven Ausprägung· Sie neigt zu Unruhe und stellt hohe Ansprüche an sich selbst·

Kim Basinger 8·12·1953
Katharine Hepburn 8·11·1909
Shirley Bassey 8·1·1937
Micheline Calmy-Rey 8·7·1945
Andrea Merkel 17·7·1954
Rita Hayworth 17·10·1919
Keira Knightley 26·3·1985

Mutter Theresa 26·8·1910
Mick Jagger 26·7·1943
Diana Ross 26·3·1944

Mein Tipp: Fördern Sie Ihr 8er Kind mit Geduld und Struktur· Lehren Sie Mut und Disziplin und fördern Sie große Gedanken und hochgesteckte Ziele· Die 8 kann sie erreichen· Ideale Übungen sind Balance-Übungen auf Slackline oder Trampolin· Unterstützen Sie den Sinn für Schönheit und Ästhetik durch Spiele, die sich mit diesen Themen befassen· Achten Sie darauf, dass ihr Kind sich nicht in Faulheit und Lasterhaftigkeit flüchtet, sondern motivieren Sie zu kreativen Aktionen· Ideal sind auch asiatische Kampfsportarten· Beschäftigen Sie Ihr Kind mit unterhaltsamen Dingen, die zum Lachen anregen· Es ist wichtig, dass Ihr Kind sich frühzeitig mit dem Thema Geld beschäftigt und Freude am Verdienen entwickelt· Von 8ern wird hohe soziale Kompetenz gefordert· Verdienen nicht um der Gier willen, sondern um damit Gutes tun zu können· Beteiligen Sie sich ganz bewusst mit Ihrem Kind an Spendenaktionen·

Die Jahresqualität:

Im Jahr der 8 sollte Ihr Kind es sich gut gehen lassen dürfen· Eine ausgewogene Ernährung und ein vergnügliches

Bewegungsprogramm wären ideal· Auch ein Aufenthalt in einer Therme·

Zahlenhäufungen:

Eine Häufung der Zahl 8 kann Schwierigkeiten mit dem eigenen Wert bedeuten, einen Hang zu Leichtsinn, Launenhaftigkeit, Faulheit und Laster oder Selbstzerstörung· Die Balance zwischen Sein und Schein sowie Wert und Geld stellt eine Herausforderung dar·

Lawrence von Arabien 16·8·1888
John L· Baird (Fernsehpionier) 13·8·1888
Roger Federer 8·8·1981
Friedrich W· I (Soldatenkönig) 14·8·1688
Andreas F· Bauer (Techniker) 18·8·1783
Vincent Mangano 28·3·1888

Der Vorname:

Ein Name für Manager und starke Persönlichkeiten·

Afra, Andreas, Benedikta, Baruch, Carla, Cornelius, Dagmar, Dankrad, Eleonore, Edgar, Fara, Faustus, Gloria, Gerard, Heidi, Henning, Imelda, Ingvar, Julia, Jeremias, Karin, Kasimir, Laura, Lysander, Melitta, Marc, Notburga, Nicetas, Olga, Otbert, Pia, Pierre, Quanzetta, Qyshawn, Rebekka, Rupert, Serena, Salomon, Trixi, Titus, Utta, Ulrich, Valentina, Vinzenz, Wu,

Werenfried, Xaveria, Xane, Yaiza, Yahnozha, Zelia, Zoelus

Die Sehnsucht:
Liebevolles Miteinander, Kunst und ein schönes Zuhause, will das Sagen haben.

Nach Außen:
Dominant, machtvoll und oft sind es schöne Menschen, die geschmackvoll gekleidet sind.

So wird gestartet:
Das sind die Macher.

So wird beendet:
Manchmal geht es drunter und drüber, Ordnung und Chaos liegen nahe beieinander. Die 8 hat die Möglichkeit unterwegs eine totale Kehrtwendung vorzunehmen.

9

Der Typ:

Ich bin eine freundliche und ehrliche Menschenfreundin· Ich kann aber auch sehr dominant und ehrgeizig auftreten und ändere auch gerne einmal meine Meinung· Mein natürliches Talent für Drama macht aus mir eine gute Erzählerin und Schauspielerin· Viele Veränderungen prägen meinen Lebensweg, da ich durch Erfahrung lernen darf· Wie wir wissen, ist das nicht immer der leichteste aller Wege· Ich verfüge über Intelligenz und Diplomatie und habe eine Gabe für alles Technische und schnelle Veränderungen·

3x3=9· 3x Ausdruck – das schreit nach künstlerischer Betätigung· Manche sagen, ich bin weise geboren und erscheine älter· Ich werde meinen ganz eigenen Weg finden, auch wenn es etwas Zeit braucht, denn das ist meine Aufgabe·

Bette Davis 5·4·1908
Justin Bieber 1·3·1994
Robbie Williams 13·2·1974
Valie Export 17·5·1940
Gisele Bündchen 20·7·1980
Jimi Hendrix 27·11·1942

Der Geburtstag:
9, 18, 27

9er können sehr dominant und aggressiv sein· Da sie ein sensibles Nervenkostüm besitzen versuchen sie das, wenn sie es nicht handhaben können, durch Kritik an allem und jedem zu kompensieren· Mit der 9 geht es immer um Selbstlosigkeit, die aber im Kindesalter gerne in Selbstsüchtigkeit und Desinteresse an der Gemeinschaft gelebt wird· Kinder mit der 9 in der Persönlichkeit sind im Kindesalter auch oft verletzt· Versuchen Sie Ihrem Kind Toleranz, Nächstenliebe, Altruismus und Empathie näher zu bringen· Die 9 will gebraucht werden· Sie mögen und brauchen Vorbilder·

Die 18 will sich nicht zu sehr anstrengen und liebt das angenehme Leben·

Für die 27 ist es wichtig sich nicht mit dubiosen Freunden zu umgeben, sondern den eigenen göttlichen Funken in die Welt zu bringen· Sie wird erst in die Aktion gehen, wenn sie den Sinn der Aktion verstanden hat· Deshalb geben Sie einem 27er Kind keine Befehle, sondern Erklärungen·

Whitney Houston   9·8·1963
Natalie Portman   9·6·1981
Erol Sander 9·11·1968
John Malkovich 9·12·1953
Hardy Krüger jr· 9·5·1968
Simone de Beauvoir 9·1·1908
Isabella Rossellini   18·6·1952
Walter Gropius 18·5·1883
Raúl González Blanco 27·6·1977
Maria Carey 27·3·1970

Mein Tipp:
Achten Sie darauf, dass Ihr 9er Kind sich nicht zu sehr

zurückzieht· 9er können gut alleine sein und sollten sich auch die Zeit dazu nehmen dürfen· Fördern Sie Aktivitäten, die Freiraum gewähren· Die Beschäftigung mit Mode, Design, Journalismus und Werbung sollte gefördert werden· Computerspiele mit einer technischen Herausforderung sowie Aktivitäten, die einem größeren Kreis von Menschen zu Gute kommen, sind ideal· Motivieren Sie Ihr Kind frühzeitig, sich an schulischen Aktionen zu beteiligen, die der Allgemeinheit dienen, humanitäre Hilfsaktionen etc· Bei diesen Aktionen, bestärken Sie Ihr Kind, die Gruppenleitung anzustreben· Achten Sie auf den Ausdruck und die Wortwahl Ihres 9er Kindes· 9er können mit Worten sehr verletzen und fanatische Ansichten vertreten· Oft ist das Verhältnis zu den Eltern schwierig· Weisen Sie Ihr 9er Kind darauf hin, dass es keine Ansichten vertreten sollte, die es von jemand anderem unreflektiert übernommen hat·

Die Jahresqualität:

Die 9 schließt einen Zyklus und deshalb bedeutet die 9 auch im Kindesalter, dass man sich von Dingen und Menschen trennen darf, aus denen man herausgewachsen ist und die nicht mehr passen·

Zahlenhäufungen:

Große Unruhe, immer wieder Unfälle und Verletzungen in jungen Jahren, Aggressivität, viele Veränderung· Es ist wichtig Herz und Hirn in Balance zu halten·

Adam Sandler 9·9·1966
Toni Mang 29·9·1949
Philipp Bouhler (NS) 11·9·1899
Leo Tolstoi 9·9·1828
Laura Spelman Rockefeller 9·9·1839
Rolf Cramer von Clausbruch (Pilot) 19·9·1900

Der Vorname:

Führungspersönlichkeit und Vorbild·

Adele, Adalbert, Beatrice, Boris, Carmen, Clark, Debora, Darius, Edeltraud, Edvin, Friederike, Franziskus, Gelasia, Gabriel, Haagen, Hermine, Ilse, Ismail, Johanna, Job, Klementine, Konrad, Lea, Lorenz, Mathilde, Matthäus, Nymphe, Neidhard, Ottilie, Ortlieb, Priscilla, Paulus, Quiana, Quintinus, Regina, Roger, Sophie, Sebastian, Tamara, Tertullinus, Una, Ulli, Vibeke, Vivianus, Wilibald, Willy, Xabi, Xhenete, Yolanda, Yann, Zaide, Zyriak,

Die Sehnsucht:

Ruhe und Weisheit, möchte der Welt dienen und gebraucht werden.

Nach Außen:

Wirkt in jungen Jahren oft weise und älter, manchmal auch arrogant.

So wird gestartet:

Idealistisch und hilfsbereit.

So wird beendet:

Viele Änderungen am Weg.

Das Seelenfenster I:

Emotional, hilfsbereit und verständnisvoll, Achtung in jungen Jahren vor Unfällen.

Männliche und weibliche Zahlen:

1, 3, 5, 7 und 9 sind männliche Zahlen.
2, 4, 6, 8 und 0 sind weibliche Zahlen.

Männliche Kinder mit einer vorwiegend weiblichen Zahlenkonstruktion sind aufgefordert ihre weibliche Seite aktiv zu leben. Deshalb unterstützen Sie als Elternteil alle Aktivitäten, die in die gefühlvoll, empfangende Richtung tendieren.

Weibliche Kinder mit einem vorwiegend männlichen Zahlenkonstrukt sind aufgefordert im Beruf den Erfolgsweg zu beschreiten.

Aspekte der Zahlen

1 – das ich – Ego
2 – das du – die Unterscheidung
3 – das Kind – das Göttliche
4 – die Arbeit – die Erde
5 – das Grenzenlose – die Welt und das Weltall
6 – die Familie – die Sexualität
7 – die Spiritualität – die Analyse
8 – die Gerechtigkeit – die Macht
9 – die Weisheit – die Nächstenliebe
0 – die Vielfalt der Möglichkeiten – der Wandel

Aspekte der Zahlen

0 – unbegrenzte Möglichkeiten

1 – die Idee

2 – die Ausarbeitung der Idee

3 – die Entschlussfähigkeit die Idee umzusetzen

4 – die Realisierung der Idee

5 – die Organisation

6 – die Durchsetzung

7 – das Wachstum

8 – der Ausgleich

9 – die Auflösung

Aspekte der Zahlen

	+	–
0	das mütterliche Prinzip	Laster
1	Geist	Selbst-Sucht
2	Phantasie	Zweifel
3	Gemeinschaft	Eigensinn
4	Konzentration	Härte
5	Religion	Fanatismus
6	Durchsetzung	Brutalität
7	Sieg	Kampf
8	Macht	Ohnmacht
9	Dynamik	Nervosität
11	Meisterschaft	Rebellion
22	die Wahlfreiheit	Verzweiflung

Literaturvorschläge

Franz Carl Endres/Annemarie Schimmel, Das Mysterium der Zahl, Zahlensymbolik im Kulturvergleich

Otto Betz, Die geheimnisvolle Welt der Zahlen, Mythologie und Symbolik

Prof· Julius Nestler, Die Kabbala von Papus

Hajo Banzhaf, Symbolik und Bedeutung der Zahlen

Adam Spencer, Das Buch der Zahlen, Rätsel, Kniffe, Wissenswertes von 1 bis 100

Erich Bischoff, Mystik und Magie der Zahlen

Wilhelm Vollmer, Wörterbuch der Mythologie

Lexikon der Heiligen, Voltmedia GmbH Paderborn

Die Bibel

Quelle für die angegebenen Geburtsdaten prominenter Persönlichkeiten war, neben diversen Printmedien und Biografien, das Internet· Sollte mir dabei ein Fehler unterlaufen sein oder bei einer Berechnung, dann bitte ich dies zu entschuldigen·

Informationen zu meiner Person finden Sie unter:

www·numerologie-uranitsch·com

Bekannte Persönlichkeiten mit Meisterzahlen
11 und 22

Fernando Alonso (Formel 1) **29**·7·1981=37/10/1

Jenson Button (Formel 1) 19·1·1980=29/**11**

Michael Schumacher 3·1·1969=29/**11**

MariaTeresa (47/11) de Filippis (1· Formel 1 Starterin) **11**·**11**·1926=**22**

Jose Estredo (Surfer) 26·3·1989=38/**11**

Stefan von den Berg (Surfer) 20·2·1962=**22**

David Klemperer (Beach Volleyball) **22**·6·1980=28/10

Nicole Cooke (Radsport) 13·4·1983=29/**11**

Damiano Cunego (Radsport) 19·9·1981=38/**11**

Mat Hoffmann (BMX) 9·1·1972=29/**11**

Giacomo Agostini (Motorrad Rennfahrer) 16·6·1942=29/**11**

Barry Sheene Motorrad Rennfahrer) **11**·9·1950=26/8

Geoff Duke (Motorrad Rennfahrer) **29**·3·1923=29/**11**

John Surtees (Motorrad Rennfahrer) **11**·2·1934=21/3

Freddie Spencer (Motorrad Rennfahrer) 20·12·1961=**22**

Pier Paolo Bianchi (Motorrad Weltmeister) **11**·3·1952=**22**

Ken Roczen (Motocrossfahrer) **29**·4·1994=38/**11**

Peter Habeler (Extrembergsteiger) **22**·7·1942=27/9

Lukas Huber (Slackliner) **22**·7·1994=34/7

Ecaterina Szabó (Kunstturnerin) **22**·1·1968=29/**11**

Henrik (38/**11**) Stehlik (Trampolinturner) **29**·12·1980=32/5

He Wenna (Trampolinturnerin) 19·1·1989=38/**11**

David (**22**) Dimitri (Seiltänzer) 7·3·1963=29/**11**

Camilio Mayer (Hochseilartist) 25·4·1890=29/**11**

Falko Traber (Hochseilartist) 13·10·1959=29/**11**

Don Wilson (Kickboxen) 10·9·1954=29/**11**

David (**22**) Beckham (Fußball) 2·5·1975=29/**11**

Kaká (Fußball) **22**·4·1982=28/10/1

Andrij (29/**11**) Schewtschenko (Fußball) **29**·9·1976=43/7

Franz (29/**11**) Beckenbauer (Fußball) **11**·9·1945=30/3

Michael Jordan (Basketball) 17·2·1963=29/**11**

John Stockton (Basketball) 26·3·1962=29/**11**

Jerry Sloan (Basketball) 28·3·1942=29/**11**

Wolfgang Hoppe (Bobfahrer) 14·11·1957=29/**11**

Andre Agassi (Tennis) **29**·4·1970=32/5

Boris Becker (Tennis) **22**·11·1967=29/**11**

Novak Dokovic (Tennis) **22**·5·1987=34/7

Wiktoryja Asaranka (Tennis) 31·7·1989=38/**11**

Caroline Wozniacki (Tennis) **11**·7·1990=28/10/1

Werner (38/**11**) Schlager (Tischtennis) 28·9·1972=38/**11**

Bobby Fischer (Schachweltmeister) 9·3·1943=29/**11**

Howard Bach (Badminton) **22**·2·1979=32/5

Judd Trump (Snooker) 21·8·1989=38/**11**

Shaun Murphy (Snooker) 10·8·1982=29/**11**

Neil (**22**) Robertson (Snooker) **11**·2·1982=24/6

Mark Allen (Snooker) **22**·2·1986=30/3

Line *(22)* Kjorsvik *(Poolbillard)* **29·12·1975=36/9**

Wu Chia-Ching *(Poolbillard)* **9·2·1989=38/11**

David *(22)* „Chip" Reese *(Pokerspieler)* **28·3·1951=29/11**

Jack „Gentleman" Keller *(Pokerspieler)* **29·12·1942=30/3**

Lyle Berman *(Pokerspieler)* **6·8·1941=29/11**

Jarne Ahonen *(Skifliegen)* **11·5·1977=31/4**

Andreas Goldberger *(Skispringer)* **29·11·1972=32/5**

Nick Faldo *(Golf)* **18·7·1957=38/11**

David *(22)* Duval *(Golf)* **9·11·1971=29/11**

Vijay *(22)* Singh *(Golf)* **22·2·1963=25/7**

Ellen Johnson Sirleaf *(Nobelpreis 2011)* **29·10·1938=33/6**

Leymah Gbowee *(Nobelpreis 2011)* **1·2·1972=22**

Ada E· Yonath *(Nobelpreis 2009)* **22·6·1939=32/5**

Serge Haroche *(Nobelpreis 2012)* **11·9·1944=29/11**

Saul Perlmutter *(Nobelpreis 2011)* **22·11·1959=30/3**

Charles Kuen Kao *(Nobelpreis 2009)* **4·11·1933=22**

Daniel Shechtman *(Nobelpreis 2011)* **24·1·1941=22**

Doris *(29/11)* Lessing *(Nobelpreis 2007)* **22·10·1919=25/7**

Elias Canetti *(Nobelpreis 1981)* **25·7·1905=29/11**

André Gide *(Nobelpreis 1947)* **22·11·1869=30/3**

Konrad Lorenz *(Zoologe)* **7·11·1903=22**

Leonardo da Vinci **15·4·1452=22**

Cicero *(Rhetoriker, Philosoph)* **3·1·106v·Chr·=11**

Lucius *(22)* Seneca *(Stoiker)*

Karl Popper *(Philosoph)* **28·7·1902=29/11**

Carl Friedrich von Weizäcker *(Physiker)* **28·6·1912=29/11**

Isidor *(38/11)* von Sevilla, um 560, Bischof

Jeanne *(22)* d´Arc *(Heilige)* **6·1·1412=15/6**

Aelius *(22)* Galenus „Galen" *(Arzt)* um 130

Francis Bacon *(Philosoph)* **22·1·1561=18/9**

Immanuel Kant (Philosoph) 22·4·1724=**22**

Gotthold **(11)** Ephraim Lessing (Dichter) 22·1·1729=24/6

Manfred Deix (Karikaturist) **22**·2·1949=29/**11**

Harald Naegeli (Sprayer) 4·12·1939=29/**11**

Jean-Michel Basquiat (Graffiti-Künstler) **22**·12·1960=23/5

Paul Nash (Maler) **11**·5·1889=33/6

Antoni Gaudi (Architekt) 25·6·1852/29/**11**

Alfred Roller (Bühnenbildner) 2·10·1864=**22**

Koloman Moser (Grafiker) 30·3·1868=29/**11**

Rosa Bonheur (Tier-Malerin) **22**·3·1822=20/2

Anthonis van Dyck (Maler) **22**·3·1599=31/4

Jacopo Tintoretto (Maler) 29·9·1518=35/8

Rudolf Hausner (Maler, Grafiker) 4·12·1914=**22**

William Turner (Maler) 23·4·1775=29/**11**

Louise Josephine **(22)** Bourgeois (Bildhauerin) 25·12·1911=**22**

Mike Kelley (Perfomance, Installationskunst) 27·10·1954=29/**11**

Herman Nitsch (Aktionskünstler) **29**·8·1938=40/4

Kiki **(22)** Kogelnik (Installationskunst) **22**·1·1935=23/5

Richart Stanton **(22)** Avery (Erfinder) 13·1·1907=**22**

Thomas **(22)** Alva Edison (Erfinder) **11**·2·1847=24/6

Charles Babbage (Erfinder) 26·12·1791=29/**11**

Mary H· Kingsley (Forschungsreisende) 13·10·1862=**22**

Knud Rasmussen 7·6·1879=38/**11**

Robert Boyle (Naturforscher) 4·2·1627=**22**

Wilhelm von Humboldt (Gelehrter) **22**·6·1767=31/4

Arthur Schopenhauer **22**·2·1788=30/3

Robert Oppenheimer (Physiker) 22·4·1904=**22**

Shirley Temple (Schauspiel) 23·4·1928=29/**11**

Drew Barrymore (Schauspiel) **22**·2·1975=28/10

Scarlett Johansson (Schauspiel) **22**·11·1984=28/10

Ralph Fiennes (Schauspiel) **22**·12·1962=25/7

Hugh Laurie (Musik, Schauspiel) **11**·6·1959=32/5

Jamie Lee Curtis (Schauspiel) **22**·11·1958=29/**11**

Bruno Ganz (Schauspiel) **22**·3·1941=**22**

Tobias Moretti (Schauspiel) **11**·7·1959=33/6

Dakota Foyo (Schauspiel) **22**·8·1999=40/4

Hailee Steinfeld (Schauspiel) **11**·12·1996=30/3

Taylor Lautner (Karate u· Schauspiel) **11**·2·1992=25/7

Ivana Baquero (Schauspiel) **11**·6·1994=31/4

Lilo Wanders (Schauspiel, Travestie) **22**·9·1955=33/6

Georg Preuße (Travestie) 24·8·1950=29/**11**

Steven (**22**) Seagal (Kampfkünste,Musik,Schauspiel) 10·4·1952=**22**

Sara Bernhardt (Schauspielerin) **22**·10·1844=**22**

Louise Dumont (Theaterleiterin) **22**·2·1862=23/5

Götz Spielmann (Filmregisseur) **11**·6·1961=25/7

Richard Benjamin (Regisseur) **22**·5·1938/30/3

Matthias Schweighöfer (Schauspieler, Regisseur) **11**·3·1981=24/6

O· E· Hasse (Regisseur, Schauspieler) **11**·7·1903=**22**

Volker Schlöndorff (Filmproduzent) 31·3·1939=29/**11**

Billy Wilder (Filmproduzent) **22**·6·1906=26/8

Andre Heller (Künstler) **22**·3·1947=28/10/1

Salvador (29/**11**) Dali (Künstler) **11**·5·1904=21/3

Karl Valentin (Künstler) 4·6·1882=29/**11**

Harry Houdini (Zauberkünstler) 24·3·1874=29/**11**

Harry Kellar (Zauberkünstler) **11**·7·1849=31/4

John Nevil Maskelyne (Zauberer, Erfinder) **22**·12·1839=28/10/1

Charlie Rivel (Clown) 28·4·1896=38/**11**

Laetitia Casta (Topmodel, Schauspielerin) **11**·5·1978=32/5

Elle MacPherson (Model, Schauspielerin) **29**·3·1963=33/6

Naomi Campell (Model) **22**·5·1970=26/8

Kate Moss (Model) 16·1·1974=29/11

Isabelle (29/11) Caro (magers· Model) 9·9·1982=38/11

Baptiste (29/11) Giabiconi (Model, Sänger) 9·11·1989=38/11

Garrett Neff (Model) 12·4·1984=29/11

Marloes (29/11) Horst (Model) 8·3·1989=38/11

Lara Stone (Model) 23·12·1983=29/11

Valentino Garavani (Mode) 11·5·1932=22

Georgio Armani (Mode) 11·7·1934=26/8

Paul Bocuse (Star-Koch) 11·2·1926=22

John Dillinger (Gangster) 22·6·1902=22

Peter Morello (Mafia) 2·5·1867=29/11

Butch Cassidy (Revolverheld) 13·4·1866=29/11

Yehudi Menuhin (Musik) 22·4·1916=25/7

Christoph Willibald Gluck (Komponist) 2·7·1714=22

Claude Debussy (Musik) 22·8·1862=29/11

Giacomo Puccini (Musik) 22·12·1858=29/11

Franz (11) Liszt (Musik) 22·10·1811=16/7

Franz (11) Schubert (Komponist) 31·1·1797=29/11

Antonio Vivaldi (Komponist) 4·3·1678=29/11

Richard Wagner (Komponist) 22·5·1813=22

Theodor W· Adorno (Komponist) 11·9·1903=24/6

Gustav Mahler (Komponist, Dirigent) 7·7·1860=29/11

Lorin Maazel (Dirigent) 6·3·1930=22

George Prêtre (Dirigent) 14·8·1924=29/11

Edith Piaf (Sängerin) 19·12·1915=29/11

Isaac Stern (Violinist) 21·7·1920=22

Luciano Pavarotti (Tenor) 12·10·1935=22

Ildikó Raimondi (Sopran) 11·11·1962=22

Bernarda Fink (Mezzosopran) 29·8·1955=12/3

Angelika Kirchschlager (Mezzosopran) 24·11·1965=29/11

Peter Hofmann (Tenor, Rockmusiker) **22**·8·1944=30/3

James King (Opernsänger) **22**·5·1925=26/8

Paul Potts (Tenor) 13·10·1970=**22**

Rolando Villazón (Tenor) **22**·2·1972=25/7

Rudolf Schock (Tenor) 4·9·1915=29/**11**

Peter Schreier (Tenor, Dirigent) **29**·7·1935=36/9

Hermann Prey (Bariton) **11**·7·1929=30/3

Andrea Bocelli (Tenor) **22**·9·1958=36/9

Alessandro Moreschi (Kastratensänger) **11**·**11**·1858=26/8

Helmut Lotti (Crossover-Sänger) **22**·10·1969=30/3

Michael Jackson (Musik) **29**·8·1958=42/6

Madonna Ciccone (Sängerin) 16·8·1958=38/**11**

Reinhard Mey (Musik) 21·12·1942=**22**

Kris Kristofferson (Musik, Schauspiel) **22**·6·1936=29/**11**

Astor Piazzolla (Musik) **11**·3·1921=18/9

Fanny Cerrito (Ballett) **11**·5·1817=24/6

Joaquin Cortés (Tänzer) **22**·2·1969=31/4

Leslie Caron (Tänzerin) 1·7·1931=**22**

José Limón (Tänzer) 12·1·1908=**22**

Akran Khan (Tänzer, Choreograf) **29**·7·1974=39/12/3

Vadim **(22)** Garbuzov (Tänzer) 8·5·1987=38/**11**

Jean Georges Noverre (Choreograf) **29**·4·1727=32/5

Marcel Marceau (Pantomime) **22**·3·1923=**22**

Reinhard Wolf (Fotograf) 1·8·1930=**22**

Jeff Wall (Fotograf) **29**·9·1946=40/4

Herb Ritts (Fotograf) 13·8·1952=29/**11**

Bruce **(22)** Weber (Fotograf) **29**·3·1946=34/7

Gunter Sachs (Fotograf) 14·11·1932=**22**

Lord Byron (Schriftsteller) **22**·1·1788=29/**11**

George Eliot (Schriftstellerin) **22**·11·1819=25/7

Mark Twain (Schriftsteller) 30·11·1835=**22**

August Strindberg (Schriftsteller) **22**·1·1849=27/9

Ellen Glasgow (Schriftstellerin) **22**·4·1873=27/9

Jean Cocteau (Schriftsteller) 5·7·1889=38/**11**

Helene Böhlau (Dichterin) **22**·11·1856=26/8

Antoine de Saint Exupéry (Dichter) **29**·6·1900=27/9

Alba de Cespedes (Schriftstellerin) **11**·3·1911=17/8

Helmut Qualtinger (Künstler) 8·10·1928=29/**11**

H·C· Artmann (Schriftsteller) 12·6·1921=**22**

Edgar Allan Poe (Schriftsteller) 19·1·1809=29/**11**

Jules Verne (Schriftsteller) 8·2·1828=29/**11**

Alexander Solschenizyn **11**·12·1918=24/6

Ray Bradbury (Schriftsteller) **22**·8·1920=24/6

Heimito von Doderer 5·9·1896=38/**11**

Torquato Tasso (Dichter) **11**·3·1544=19/10/1

Gotthold (38/**11**) Ephraim Lessing (Dichter) **22**·1·1729=24/6

Peter Shaffer (Dramatiker) 15·5·1926=29/**11**

Origenes (47/**11**) Theologe, christl· Schriftsteller

Novalis (29/**11**) Schriftsteller, 2·5·1772=24/6

Osho (Bhagwan **11**) Sektenführer, **11**·12·1931=19/10/1

Hannah Arendt (Publizistin) 14·10·1906=**22**

Alice Schwarzer (Publizistin) 3·12·1942=**22**

James Michener (Schriftsteller) 3·2·1907=**22**

Ephraim Kishon (Satiriker) 23·8·1924=29/**11**

Sidney Sheldon (Schriftsteller) **11**·2·1917=**22**

Noah Gordon (Schriftsteller) **11**·11·1926=**22**

Dan Brown (Autor) **22**·6·1964=30/3

Erich Maria Remarque (Schriftsteller) **22**·6·1898=36/9

Enid Blyton (Kinderbuch Autorin) **11**·8·1897=35/8

Wilhelm Hauff (Schriftsteller) **29**·11·1802=24/6

Alexander N· Afanassjew (Märchenforscher) 23·7·1826=29/**11**

Josef Jacobs (Märchenforscher) **29**·8·1854=37/10

Klemens Wenzel von Metternich (Staatsmann) 15·5·1773=29/11

Charles de Gaulle (Staatsmann) **22·11·1890=24/6**

George Washington (ehem· Präsident) **22·2·1732=19/10/1**

John F· Kennedy (ehem· Präsident) **29·5·1917=34/7**

Rose Kennedy (Mutter v· J·F·) **22·7·1890=29/11**

Bill Clinton (ehem· Präsident) 19·8·1946=38/11

Barack Obama (Präsident) 4·8·1961=29/11

Toni **(22)** Blair (Politiker) 6·5·1953=29/11

Margaret **(38/11)** Thatcher (ehem· Premierm·) 13·10·1925=**22**

Richard von Weizäcker (Politiker) 15·4·1920=**22**

Horst Köhler (Politiker) **22·2·1943=23/5**

Johannes Rau (Politiker) 16·1·1931=**22**

Helmuth James Graf von Moltke (NS-Widerstand) **22·1·1869=29/11**

Hans Scholl (NS-Widerstand) **22·9·1918=32/5**

W· I· Lenin (Politiker) **22·4·1870=24/6**

Benito **(29/11)** Mussolini (Politiker) **29·7·1883=38/11**

Annie Besant (Politikerin) 1·10·1847=**22**

Frank Kellogg (Politiker) **22·12·1856=27/9**

Papst Leo X (Giovanni de Medici) **11·12·1475=22**

Papst Clemens XIII 7·3·1693=29/11

Papst Leo XII **22·8·1760=26/8**

Papst Johannes Paul I (Albino Luciani) 17·10·1912=**22**

Isabella von Kastilien (Königin v· Aragon) **22·4·1451=19/10/1**

Friedrich August II der Starke 12·5·1670=**22**

Karl Eugen Herzog v· Württemberg **11·2·1728=22**

Philipp I von Habsburg „der Schöne" **22·7·1478=31/4**

Caroline von Brandenburg-Ansbach (Königin) **11·3·1683=23/5**

Franziska von Hohenheim (Herzogin) 10·1·1748=**22**

Dschingis **(47/11)** Khan, um 1155

Marie Antoinette 2·11·1755=**22**

Arthur Wellesley Wellington (Feldherr, Politiker) 1·5·1769=29/11

Anna von Österreich (Mutter v· Ludwig XIV) **22**·9·1601=21/3

Elisabeth de Bourbon (Königin v· Spanien u· P·) **22**·11·1602=15/6

Napoleon(**11**) Bonaparte(**11**) 15·8·1769=37/10/1

Grigori (56/**11**) J· Rasputin (Geistheiler) **22**·1·1869=29/**11**

Ralph Abernathy (Bürgerrechtskämpfer) **11**·3·1926=23/5

Robert Baden-Powell (Gründer Pfadfinder) **22**·2·1857=27/9

G· A· Custer (General) 5·12·1839=29/**11**

Charles Morgan (Eisenbahn Tycon) 21·4·1795=29/**11**

John Paul Getty (Öl Tycon) 15·12·1892=29/**11**

William Hearst (Verleger, Medien Tycon) **29**·4·1863=33/6

Rupert Murdoch **11**·3·1931=19/10/1

Paris Hilton (Unternehmerin) 17·2·1981=29/**11**

Christine Kaufmann (Unternehmerin) **11**·1·1945=**22**

Niki Lauda (Unternehmer) **22**·1·1949=29/**11**

Willy Bogner (Unternehmer) 23·1·1942=**22**

Carl Zeiss (Unternehmer) **11**·9·1816=27/9

Bekannte Persönlichkeiten, die ihr numerologisches Lebensthema ambivalent, negativ oder destruktiv gelebt haben bzw· leben·

Zum Kippen einer Persönlichkeit bedarf es mehrerer Faktoren, wie zum Beispiel: frühe Kindheitstraumata, Zeitqualität (Frieden, Krieg), Umgebung, Erziehung, Gewalt, Mobbing, Krankheit, Hunger, Armut, Drogen, Gier, Machthunger, Zufall, Realitätsverlust u·e·m·

1 „von einem der auszog das Fürchten zu lernen"
(Brüder Grimm)

19/10 Charles A· „Pretty Boy" Floyd (Bankräuber),
Rudolf Höß (NS)

28/10 Clyde C· Barrow (Bonnie u· Clyde), Belle Star (Räuberbraut),
Klaus Kinsky (Schauspieler), Bugsy Siegel (Mafia)

37/10 Josef Goebbels (NS), Ronald Biggs (Räuber)

2 „Zwei Seelen wohnen, ach! in meiner Brust" (Goethe, Faust)

20/2 Hans Frank (NS), Paul Schäfer (Sektenführer)

11/2 Papst Alexander VI (Rodrigo Borgia)

29/11 Butch Cassidy (Revolverheld) , Adolf Eichmann (NS)

38/11 Philipp Bouhler (NSDAP), Benito Mussolini (Diktator)

3 „Die Sprache ist die Quelle der Missverständnisse"
(Antoine de Saint Exupéry)

30/3 Billy the Kid (Revolverheld), Bruce Reynolds (Räuber)

21/3 Eva Braun (Gefährtin Hitlers),
Gerda Christian (Sekretärin Hitlers)

39/12 Silvio Berlusconi (Unternehmer)

4 „Das Weiche besiegt das Harte, das Schwache triumphiert
über das Starke" (Laotse)

13/4 Bonnie E· Parker (Bonnie u· Clyde)

31/4 Heinrich VIII Tudor (König),
Christa Schroeder (Sekretärin Hitlers)

22/4 Johnny Ringo (Revolverheld), Charles Manson (Krimineller)

5 „Schicksal des Menschen, wie gleichst du dem Wind"
(Goethe)

14/5 Agrippina die Jüngere (Mutter Neros)

114

23/5   Jim Jones (Sektenführer), Lee Harvey Oswald (Attentäter)

32/5   Adolf Hitler (Diktator), Muammar al Gaddafi (Diktator)

6   „Wer Andere besiegt hat Kraft, wer sich selbst besiegt ist
         stark" (Laotse)

15/6   Caligula (Kaiser)

24/6   Cole Younger (Gesetzloser), Leonardo Conti (NS-Arzt)

42/6   Michael Jackson (Musiker)

33/6   Udo Proksch (Unternehmer), Lindsay Dee Lohan (Künstlerin)

7   „Sinn kann nicht gegeben werden, sondern muss gefunden
         werden" (Viktor Frankl)

16/7   Marcus Antonius (Geliebter Cleopatras),
         Heinrich II Kastilien (Regent)

25/7   Bat Masterson (Glücksspieler),
         Griselda Blanco (Drogenhändlerin)

34/7   Jesse James (Revolverheld), Mohammed Atta (Pilot)

8   „der Zwerg wird nicht größer, auch wenn er sich auf einen
         Berg stellt" (Seneca)

17/8   Johanna Wolf (Sekretärin Hitlers)

26/8   Christopher Wilder (Serienmörder), John W. Booth (Mörder)

35/8   Amy Winehouse (Künstlerin), Rob Pilatus (Künstler)

9   „Einen Gottlosen habe ich noch nie gesehen, nur Ruhelose
         sind mir begegnet" (F.M.Dostojewski)

18/9   Alexander F. James (Bruder von Jessie),
         Heinrich Himmler (NS)

27/9   Jimi Hendrix (Musiker), Errol Flynn (Schauspieler)

36/9   Whitney Houston (Künstlerin), Al Capone (Gangster)
         Lance E. Armstrong (Radprofi)